IL PESCE POVERO

ricchezza in cucina

W0264510

IL PESCE POVERO, *ricchezza in cucina*

Con il patrocinio di

Accademia
Italiana
della Cucina

Con la collaborazione scientifica di

cibm

CONSORZIO PER IL CENTRO
INTERUNIVERSITARIO
DI BIOLOGIA MARINA
ED ECOLOGIA APPLICATA
"GUIDO BACCI"

Comitato di redazione
Silvia Di Batte, coordinamento generale
Gianfranco Porrà - Giovanni Martino, ricerca e redazione ricette
Roberto Bernabò, ricette d'autore
Ricette di: **Paolo Ciolli - Paolo Petroni - Franca Torsellini Chiavaccini**
Ricette d'autore di: **Franca Checchi** (*Romano*, Viareggio), **Luciano Zazzeri** (*La Pineta*, Bibbona), **Riccardo Guastini** (*da Riccà*, Marina di Massa), **Federico Cenci** (*Il Calesse*, Quercianella, Li), **Giuseppe Mancini** (*La Barcarola*, Livorno)

Paolo Sartor - Alessandro Ligas - Mario Sbrana
Ilaria Rossetti (Coop. Aplysia), redazione scientifica

Illustrazioni
Rossella Faleni
Sabrina Barsotti (pag. 3, 23, 41, 61, 65)

Si ringrazia il Comune di Livorno, Ufficio Acquario Cultura Scientifica Università, per la gentile concessione dei disegni di Rossella Faleni dei pesci sparaglione e tamburo

Realizzazione editoriale
Debatte Editore
www.debatte@debatte.it

Progetto grafico e stampa
Debatte Otello srl

ISBN: 88-86705-77-8

Copyright©Debatte 2007

Un vecchio proverbio afferma che il miglior cibo della terra viene dal mare. È senz'altro vero, ma è altrettanto significativo che soltanto il dieci per cento della ricchissima fauna marina arriva sulle nostre tavole. E questo perché spesso molti pesci, pur gustosi e ricchi di sostanze preziose per l'uomo, vengono trascurati e messi da parte con la sbrigativa definizione di "pesce povero".

Ritengo quindi molto opportuna, in questa prospettiva, la pubblicazione di un volume dedicato proprio a quelle specie ittiche trascurate e dimenticate che pure farebbero ottima figura sulle nostre tavole e non solo per l'aspetto ma per i profumi ed i sapori invitanti.

Pagina dopo pagina, accanto a gustose ricette tutte da sperimentare, troviamo una puntuale impostazione scientifica del problema, dovuta ad esperti di livello internazionale, che esaminano le varie specie commestibili e purtroppo trascurate, cominciando da quel "pesce azzurro" che dovrebbe avere una posizione di maggior rilievo nella nostra alimentazione quotidiana.

L'Accademia Italiana della Cucina ha sempre prestato una particolare attenzione alle tematiche connesse al pesce, al suo consumo, alle sue preparazioni gastronomiche, alle sue grandi qualità nutrizionali. La più recente testimonianza è rappresentata dalla pubblicazione di un volume, dedicato agli itinerari gastronomici della nostra penisola, che ha proprio, come titolo, *"L'Italia del pesce"*. Questa pubblicazione ha ottenuto un notevole successo, suscitando vasto interesse e numerosi consensi, dedicando inoltre al pesce quella "cena ecumenica" che si svolge contemporaneamente in tutto il mondo.

Non a torto Bruno Manfellotto, in una poetica rievocazione delle canzoni napoletane dedicate al pesce e alla pesca, afferma nel titolo: *"Poveri ma buoni"*. La bontà intrinseca del pesce cosiddetto "dimenticato" è, infatti, fuori discussione. Purtroppo, oltre ai pesci, si è persa la memoria anche dei loro sapori, dei loro profumi, della loro sapidità. Ritengo quindi molto importante che questa pubblicazione sia orientata verso un recupero di queste memorie dimenticate (e forse mai provate), riscoprendo un repertorio di grande interesse culturale e gastronomico legato a quella cucina che è, o dovrebbe essere, una delle peculiarità della tavola italiana.

Questa pubblicazione si è avvalsa, e mi sembra doveroso sottolinearlo, della collaborazione di autorevoli esponenti dell'Accademia. I motivi, gli obiettivi e le fonti di questa importante ricerca sono dovute soprattutto agli Accademici livornesi Giovanni Martino e Gianfranco Porrà, che qui desidero ringraziare: il loro apporto è stato veramente fondamentale per questa realizzazione destinata anche a valorizzare il ruolo culturale dell'Accademia, diffondendone i principi e gli obiettivi. Giudico anche di notevole interesse scientifico l'apporto del dottor Stefano De Ranieri, direttore del Centro interuniversitario di biologia marina "Guido Bacci", che ha sede a Livorno.

Nel suo complesso, quest'opera appare completa ed esauriente, e tale da contribuire in maniera altamente positiva alla diffusione e al consumo di quel pesce che è povero perché dimenticato e dimenticato perché è povero.

Giuseppe Dell'Osso †

Presidente dell'Accademia Italiana della Cucina

Nota: Abbiamo ritenuto doveroso onorare la memoria di Giuseppe Dell'Osso, recentemente scomparso, lasciando questa sua presentazione alla prima edizione de "Il Pesce Povero", del 2007.

Com'è nato questo libro

L'editore al lettore

L'idea di fare un libro sul pesce povero è nata da una bella serata passata insieme agli amici dell'Accademia Italiana della Cucina di Livorno al ristorante *Il Calesse* di Quercianella: il 12 ottobre 2006, lo stesso giorno, in tutta Italia e in altre Nazioni fu indetta appunto dall'Accademia una cena Ecumenica (così si chiamano queste piacevolissime serate culinarie) dedicata al pesce.

La delegazione di Livorno propose a sorpresa di dedicarla al pesce povero, ovvero a quei pesci che, pur essendo buonissimi, appaiono poco o mai sulle nostre tavole.

Idea brillante, subito raccolta per farne un libro che facesse conoscere, apprezzare e cucinare quel nutrito numero di pesci poveri o dimenticati che, pescati casualmente insieme a quelli "ricchi", sono regolarmente scartati perché non richiesti dal mercato e che però fanno parte delle nostre tradizioni culinarie.

Bene, facciamo un libro.

Sì, ma quali pesci scegliere? Quali ricette indicare?

Non era un problema da poco, anche perché, ad un esame attento, di questi pesci poveri o dimenticati, in mare ce ne sono tantissimi. Ci venne allora naturale chiamare in aiuto la scienza: l'Istituto interuniversitario di biologia marina ed ecologia applicata Guido Bacci che opera a Livorno da tanti anni.

L'istituto ha messo in campo le sue risorse e la sua grande esperienza maturata in anni e anni di studi: è ai suoi ricercatori che dobbiamo l'individuazione di quaranta specie di pesci, le relative caratteristiche, la classificazione scientifica e le zone di diffusione e di pesca, ma anche qualche prezioso consiglio su come cucinarli.

Dunque: conoscere il pesce povero per cucinarlo meglio.

E veniamo alle ricette. I contributi sono molti e importanti: Gianfranco Porrà, segretario della delegazione di Livorno dell'Accademia italiana della cucina, e Giovanni Martino, che ne è il delegato, hanno magistralmente diretto le manovre: consultando fonti, elaborando (e provando) le ricette, secondo il criterio della semplicità e della tradizione della cucina italiana.

Si devono invece all'interessamento di Roberto Bernabò le preziose ricette d'autore, gentilmente concesse da alcuni tra i più rinomati ristoratori di pesce della costa toscana.

Il lettore che si vorrà cimentare nella prova pratica dunque troverà quattro ordini di ricette:

- le ***ricette di base***, (come fare una frittura, una minestra, una zuppa) che sono utili per cucinare alcuni di quei pesci per i quali la tradizione non ci ha tramandato ricette specifiche (perché adatti appunto per una frittura o per un brodetto o un cacciucco);
- le ***ricette di pesce povero***, riferite ai pesci del nostro libro;
- le ***ricette della tradizione***, riguardanti altri pesci (alalunga, acciuga, cozze...) di grande consumo ma comunque di basso valore, che devono essere sempre presenti sulle nostre tavole.
- le ***ricette d'autore***, firmate da grandi cuochi che ci insegnano i loro segreti per piatti veramente unici.

Le ricette generalmente sono indicate per quattro persone, anche se è non è sempre facile trovare pesci poveri proprio delle misure o del peso indicato: in genere si fa con quello che si trova. Sta all'accortezza e all'esperienza del preparatore di leggere, comprendere e adattare la ricetta alle caratteristiche della materia prima.

Bibliografia essenziale

"*Antiche ricette toscane*" (Pontedera, 2001), di Franca Torsellini Chiavaccini;

"*Archivio personale delle ricette*" (1955/2005), di Franca Torsellini Chiavaccini;

"*L'Italia del pesce*" (Milano, 2006), pubblicazione curata dall'Accademia italiana della cucina per la collana "Itinerari di cultura gastronomica"; e altre fonti della stessa Accademia.

"*Il libro del pesce azzurro*" (senza indicazione di data), pubblicazione divulgativa del Ministero della marina mercantile, adesso Ministero delle politiche agricole, alimentari e forestali;

"*Il libro della vera cucina marinara*" (Firenze, 1996), di Paolo Petroni;

"*I Pesci della terrazza – Ricordi e ricette*" (Livorno, 2006), di Paolo Ciolli; e archivio personale delle ricette;

"*Schedario ricette*" della famiglia Cenci (ristorante "Il Calesse" di Quercianella, Livorno);

"*Schedario ricette*" del comm. Giuseppe Mancini (ristorante "La Barcarola" di Livorno).

Bibliografia di riferimento

"*Atlante dei pesci*" (Mursia, Milano, 2000), di Francesco Costa;

"*La grande cucina – Pesce*" (Ed. RCS, Milano, 2004), manuali del Corriere della Sera;

"*La nostra Cucina – Ricette e storia nella tradizione di Livorno e della sua Provincia*" (Ediz. "Il Tirreno", Livorno, 2001), di Aldo Santini, noto giornalista, scrittore livornese ed esperto di gastronomia;

"*Pesci e frutti di mare*" (Mondadori, Milano, 1987), della serie "Cucinare meglio – Rassegna mensile della buona tavola";

"*Sapori di mare*" (Bologna, 1999), a cura della Coop Italia

I perché del *Pesce povero*

di Stefano De Ranieri[1]

Il consumo alimentare del pesce da parte dell'uomo (ittiofagia) risale molto indietro nel tempo ed ha lasciato numerose testimonianze. Immagini di pesci ed altri organismi marini si ritrovano infatti in pitture rupestri di vari siti preistorici ed in mosaici dell'epoca romana.

Nell'antico Egitto il pesce veniva considerato vicino alle divinità come Osiride e il suo uso era vietato mentre era consentito ai fedeli di altre divinità. Nella tradizione cristiana il pesce è largamente presente, basti pensare alla moltiplicazione del pane e dei pesci, o al pesce *Zeus faber* (pesce San Pietro), denominato così perché si ritiene che le due macchie nere che mostra sui lati del corpo siano l'impronta del dito di san Pietro che lo prese in mano, fino ad essere considerato l'unico alimento "puro" da poter essere consumato al posto della carne in certi periodi.

Recentemente è stata proposta l'ipotesi che l'ittiofagia sia alla base dell'evoluzione della nostra specie. Infatti oggi gli antropologi ipotizzano che gruppi di ominidi si nutrissero di pesci, ricchi di acidi grassi insaturi, che popolavano il mar Rosso ed i bacini acquei della spaccatura lungo la Rift Valley. Tale dieta contribuì allo sviluppo evolutivo dell'uomo grazie alla funzione protettiva degli acidi grassi sulle strutture nervose.

Oggi recenti studi ed indagini confermano l'importanza del pesce nell'alimentazione umana.

È noto infatti ed ormai accettato dalla comunità scientifica internazionale che il consumo di pesce comporta una serie di effetti positivi per l'uomo. Da quelli conosciuti da tempo, come il contributo nutrizionale e vitaminico dell'olio di fegato di merluzzo, ad altri di più recente acquisizione.

Da parte degli oncologi per esempio si riferisce di una riduzione anche del 50% di particolari tumori (quali quelli del seno e del colon) limitando il consumo di carne rossa e aumentando quello di pesce. Altri numerosi studi sono stati condotti sul rapporto tra il consumo di pesce e problemi di pressione, di arteriosclerosi e di livelli alti di colesterolo. I risultati confermano che l'assunzione regolare di acidi grassi polinsaturi contenuti nell'olio di pesce inducono una riduzione della pressione arteriosa sistolica media. Il grasso di certi pesci aiuta a mantenere pulite le arterie ed i grassi tipo omega 3 hanno la proprietà di fluidificare il sangue. Inoltre gli omega 3 riducono i livelli di "colesterolo cattivo" LDL, mentre aumentano quelli del "colesterolo benefico" HDL.

Pesci particolarmente ricchi di tali grassi sono il merluzzo, il salmone, le sardine e gli sgombri.

L'assunzione di pesce è una delle vie per cui l'organismo umano soddisfa la propria necessità di grassi insaturi.

Da tutto ciò si è sviluppato un crescente interesse allo studio di vari temi che riguardano i pesci. Così si indaga su come gestire con metodi sostenibili i popolamenti ittici pescati, oggi spesso sovrasfruttati nei mari del mondo, sugli aspetti legati all'alimentazione umana e sulla salvaguardia dell'ambiente marino in cui queste fondamentali risorse vivono.

Ma come le attività di pesca sono una complessa interazione tra il pescatore, il pesce, la tecnologia, gli attrezzi, il mercato, i regolamenti etc. così l'uso del pesce da parte del moderno consumatore è influenzato dalla qualità del prodotto, dalla disponibilità, dal prezzo, dagli stili di vita, dalle tradizioni gastronomiche etc.

Questo libro è quindi dedicato al pesce "povero" o "pesce dimenticato".

Tutto nasce dell'evidenza che oggigiorno, a livello nazionale, il grosso del consumo di pesce insiste su un ristretto numero di specie la cui commercializzazione ha anche conseguenze sullo sfruttamento delle risorse e sulla sostenibilità ambientale della pesca, producendo anche grandi quantità di scarto di prodotti ittici già pescati.

La lista di quaranta specie, oggetto del libro, è basata sulla nostra esperienza, sulla commercializzazione attuale e sul buon senso.

Sono state incluse tutte quelle specie che hanno un indubbio valore organolettico, ma o perchè poco conosciute o perchè di più difficile preparazione gastronomica sono poco o nulla frequenti nella dieta del grande pubblico. In particolare si tratta di specie un tempo maggiormente utilizzate, mentre ora la loro presenza è limitata a certe popolazioni rivierasche o a pochi utilizzatori "a tutto tondo" dei prodotti ittici (pesce dimenticato).

Si è cercato di coniugare tutti questi concetti e non è stato facile. La lista proposta è quindi una soluzione di compromesso.

Un altro aspetto da considerare è la variabilità geografica che può avere il concetto di "pesce povero".

Esempio: in Toscana il pesce sciabola è da considerarsi un pesce poco o nulla conosciuto mentre in Sicilia è storicamente una delle specie più conosciute ed apprezzate. Viceversa lo zerro, anche se il suo valore commerciale è molto basso, all'Isola d'Elba o a Livorno è molto conosciuto, mentre in altre zone d'Italia viene scartato.

Altro esempio: la confusione terminologica. Nella lista è stato inserito il totano *Illex coindetii*, specie universalmente molto abbondante, di poco valore commerciale (non supera mai 5 euro al kg), ma consumata piuttosto diffusamente; si tratta a pieno titolo di un pesce povero. Con il nome totano in Italia si identificano più specie: molti a Livorno chiamano totani quelli che in realtà sono calamari (*Loligo vulgaris*, specie pregiata che arriva anche a 25 euro al kg). La specie *Illex coindetii*, su molte bancarelle livornesi è invece presente con il nome di totanessa.

Lo stesso identico discorso si può fare con il merluzzetto, da non confondere con il nasello o merluzzo.

Nel compilare la lista delle specie, oltre a cercare di rappresentare le differenti realtà regionali italiane, si è cercato anche di rappresentare il più possibile i differenti gruppi faunistici presenti nelle risorse ittiche marine.

Sono presenti molluschi cefalopodi, crostacei e pesci (pesci ossei e pesci cartilaginei), ovviamente il gruppo di gran lunga più rappresentato.

Tra i pesci sono presenti specie pelagiche (che vivono principalmente nella colonna d'acqua), specie bentoniche (che sono strettamente legate al fondo), sia specie bentonectoniche o demersali (che trascorrono gran parte del loro tempo nei primi 1-2 metri dal fondo marino).

Nella lista dei pesci abbiamo incluso le più svariate tipologie di specie, sia in base al gruppo faunistico di appartenenza che allo stile di vita. Vi sono infatti Pleuronettiformi (pesci piatti, come linguattola, rombo quattrocchi), Gadiformi (specie affini ai merluzzi, come merluzzetto, mostella di fondale, merlano e melù), pesce azzurro (sardina, palamita, sugarello, alosa), Scorpeniformi (scorfano di fondale, caviglione, pesce forca), Anguilliformi (grongo) Sparidi (boga, occhiata, salpa, sparaglione), etc.

Nella lista troviamo specie gregarie (sardina, latterino, boga, salpa, sugarello, etc), specie con comportamento più solitario (murena, grongo, scorfano di fondale, etc); la maggior parte delle specie sono carnivore, ma ve ne sono anche alcune ccn dieta erbivora, come la salpa e la boga. Infine, alcune specie si nutrono prevalentemente di zooplancton, come il pesce tamburo, la sardina, il sugarello, altre sono attivi predatori, situati a livelli intermedi dalla catena alimentare, come il melù, la mostella di fondale, il merluzzetto, o ai livelli più alti, come la murena ed il grongo.

Per finire un doveroso richiamo alla salvaguardia dell'ambiente marino. Se l'uomo si vuole garantire nel futuro la disponibilità, così importante, di prodotti alimentari dal mare deve agire in conseguenza proteggendo i mari per lasciare alle generazioni future almeno le stesse opportunità di cui ha goduto oggi.

1 *Direttore del Centro interuniversitario di biologia marina ed ecologia applicata "Guido Bacci" di Livorno*

Poveri, ma buoni

di Bruno Manfellotto

Il mare è entrato nella mia vita molto presto, subito. E i pesci pure. Le finestre della casa dove sono nato, a Napoli, quartiere Santa Lucia, si affacciavano su uno dei sette mari raccontati da Matilde Serao. Non lontano dalla scogliera sfilavano le barche che posavano le reti. Soprattutto ricordo nonna Anna – alta, bella, bianca, gli occhi azzurro-Capri – soprano in gioventù, che sceglieva ogni sera per me una ninna nanna diversa: a volte un'aria d'opera, più spesso canzoni napoletane, e tante avevano per tema o per sfondo il mare, e i pescatori.

La sua voce sottile mi regalava "*Quanno sponta la luna a Marechiaro / pure li pisce nci fanno a ll'ammore*", ma anche "*So' marenaro / e tiro 'a rezza...*" oppure "*Vide 'o mare quant'è bello / spira tanto sentimento*". Quando toccava al melodramma, volevo ascoltare la struggente Butterfly più della romantica Bohéme, ma solo perché quel fil di fumo evocava mari e bastimenti lontani che, allora, avevano per me molto più fascino dei tetti di Parigi.

La mia canzone preferita, però, non faceva parte del repertorio classico della nonna, e lei vi si piegava solo per amor mio. Non era un'aria d'autore, né un motivo famoso, ma un'insolita ballata, una tarantella del Settecento dalla struttura semplice e perfino un po' monotona. Del resto lì conta non la musica, ma il testo nel quale brillano l'ironia dell'autore, rimasto tuttora anonimo, e la sua straordinaria prova di erudizione. A me insomma "Lu Guarracino" piaceva assai.

Trovavo, trovo affascinante e geniale l'idea di questa corale zuffa sul fondo del mare provocata da una storia d'amore e gelosia, una più moderna "batracomiomachia" dove invece di rane e topi si prendono a *"schiaffe ponie e perepesse, scuppulune fecozze e connesse, scerevecchiune e sicutennosse"* sarde, alici, tonni, polpi, palamiti, saraghi, linguattole, cefali, e naturalmente guarracini, piccoli, neri, guizzanti e dispettosi.

Una catalogazione puntigliosa e divertente, un Linnèo spiegato al popolo. Quanti fossero i protagonisti del parapiglia allora non sapevo, poi un giorno lessi che Roberto Murolo aveva contato ottanta diverse specie marine impegnate nella mischia, e alcune portano nomi che poi si sono persi nella lingua e perfino nella memoria degli studiosi. E anche questo aggiunge fascino al fascino. E mistero.

Per anni mi sono raffigurato il fondo del mare come me lo cantava la nonna, perennemente animato da pesci innamorati e rissosi. E la cosa, devo dire, mi divertiva ed eccitava. Quando, un po' più grande, mano nella mano a mia madre, scendevo verso il mare, mi fermavo a guardare da vicino i pescatori che tiravano le loro reti da terra, direttamente dalla strada, e facevo loro il verso: "Tirammo, tirammo 'a rezza", urlavo ritmando il movimento delle braccia al lavoro. E quando il sacco veniva aperto sul marciapiede – può sembrare incredibile, ma facevano proprio così – davanti a quel brulichìo frenetico di pesce povero e lucente mi accovacciavo e mi mettevo a cantare a bassissima voce il "Guarracino" cercando di identificare specie, generi e rivalità. Lui, il guarracino non c'era mai: e quando lo prendi, quello!

Ho imparato presto a distinguere il pesce povero da quell'altro: nelle reti di Mergellina questo era raro e subito messo da parte sotto un robusto strato di ghiaccio tritato, l'altro veniva venduto a cassette intere e io sapevo quale sarebbe stato fritto, e quale destinato a zuppa e quale messo sulla brace o utilizzato solo per la salsa dei maccheroni. Erano primi rudimenti, poi affinati cominciando ad andar per mare con un gozzo di amici, tutti provetti pescatori (con le reti e le lenze si catturava il "povero", andando giù con il fucile quell'altro), o con qualche piccolo peschereccio.

A bordo ho imparato anche a cucinarlo, il pesce (povero), perché una volta tirata su la rete a strascico, e poi meticolosamente ordinato il pesce (più pregiato) nelle cassette, si prendeva una manciata di quell'altro, ammonticchiato in casse alla rinfusa e, aspettando la seconda calata, si allestivano sul momento zuppe indimenticabili. Lì, in mezzo al mare, ho imparato anche a mangiare il pesce crudo, tanti e tanti anni prima che da Mazara del Vallo a Bolzano impazzasse la moda del sushi. Talvolta, se si era fortunati, si intercettava un banco di alici e allora il capobarca le faceva fritte dorate.

Di quelle zuppe non ho mai più sentito il profumo; le alici fritte dorate, invece, le ho ritrovate a Livorno, e proprio come si si cucinavano su quei barconi e a casa mia: i pesci venivano aperti in due, a libretto, liberati delle lische e ben sciacquati in acqua di mare (a bordo si poteva, ma va bene anche l'acqua di casa). Una volta ben asciutti venivano infarinati, passati nell'uovo battuto e infine fritti nell'olio bollente. Un pizzico di sale, una goccia di limone e giù una dopo l'altra. Anche per questo, non lo nascondo, voglio molto bene a questa città che mi ha ridato colori, scorci, odori della mia infanzia e adolescenza: e anche i sapori. Buonissimi sapori.

Perché a me quel pesce – alici, sarde, polpi, sgombri – non pare povero per niente. Anzi, mi piacerebbe che quell'aggettivo fosse cancellato per sempre e sostituito con "nobile". Se non altro perché non si può replicare e riprodurre nelle vasche di produzione come si fa con spigole e orate. Le quali ultime dovrebbero essere accompagnate dalla sola definizione, se meritata, "di mare". Lo troverei più equo e realistico. Un risarcimento dovuto a quella gran folla litigiosa di "*pisce palummo e piscatrice / scuorfane cernie e alice / mucchie ricciole musdee e mazzune / capitune auglie arenghe / ciefale cuocce tracene e tenghe…*".

Lu Guarracino

Di autore anonimo, scritta intorno alla metà del Settecento in dialetto napoletano classico e musicata sul ritmo di tarantella, "Lu Guarracino" è una delle più originali canzoni di tutti i tempi. Popolarissima e rielaborata in moltissime versioni (qui si è scelta quella della "Antologia della canzone napoletana" curata da Roberto Murolo), racconta di una colossale rissa fra tutti i pesci del golfo di Napoli – l'autore ne elenca circa ottanta varietà – provocata da una storia d'amore e gelosia: il Guarracino si innamora della Sardella, già promessa in sposa all'Allitterato. Facile immaginare la sfida che ne segue, meno la zuffa marina che ne consegue...

Lu Guarracino che gghieva pe' mmare	Il guarracino che andava per mare
teneva voglia de se 'nsurare.	aveva voglia di sposarsi.
Se mettette nu bello vestito	Si mise un bel vestito
de scarde e de spine, pulito pulito.	di squame e di spine, pulito pulito.
Cu 'na parrucca tutta ncrifata	Con una parrucca tutta imbottita
de ziarelle mbrasciulate,	di ziarelle arrotolate,
cu lu sciabò, scuollo e purzine	con lo sciabò, scollo e polsini
de ponta angrese fine fine.	di punto inglese, fino fino.
Cu li cazune de rezze de funno,	Con i calzoni di reti di fondo,
scarpe e cazette de pelle de tunno	scarpe e calze di pelle di tonno
e sciammeria e sciammerino	e mantella e mantellina
d'aleghe e pile de voje marine,	di alghe e peli di voje marine,

cu buttune e buttunere
d'uocchi de purpe, secce e fere,
fibbie, spata e schiocche 'ndurate
de niro de seccia e fele d'achiata,
'ddoie belle cateniglie
de premmone de cunchiglie,
'nu cappiello aggallunato
de codarini d'aluzze salate.
Tutto pòsema e steratiello
jeva facenno lu sbafantiello,
gerava da 'cca e da là
la 'nnammurata pe se truvà.
La sardella a lu barcone
steve sunanno lu calascione
e a sono de trumbetta
ghieve cantanno 'sta arietta:
"O larello o marellena
e la figlia da zì Lena
ha lassato lo 'nnammurato
pecché niente l'ha rialato!"
Lu guarracino che la guardaje
de la sardella se 'nnammuraje,
se ne jette da la Vavosa
la 'cchiu 'bbecchia maleziosa.
L'ebbe bbona rialata
pé mannarle 'na 'mbasciata.
La vavosa pisse pisse

con bottoni e bottoniere
di occhi di polipi, seppie e fere.
fibbie, spada e fiocchi ricoperti
di nero di seppia e fette d'occhiata,
due belle catene
di polmoni di conchiglie,
un cappello gallonato
di codini di alucce salate.
Tutto schizzinoso e ben stirato
faceva il damerino,
girava qua e là
la fidanzata per trovarsi.
La sardella al balcone
stava suonando il calascione
e a suono di trombetta
cantava questa arietta:
"O larello o marellena
e la figlia della zia Lena
ha lasciato il fidanzato
perché niente gli ha regalato!"
Il guarracino che la guardò
della sardella si innamorò,
se ne andò dalla Bavosa,
la più vecchia maliziosa.
Le diede una bella mancia
per mandarle un messaggio.
La bavosa pissi pissi

chiatto e tunno 'nce lo disse.
La sardella che la sentette
rossa rossa se facette,
pe' lu scuorno che se pigliaje
sotto a 'nu scuoglio se 'npezzaje.
Ma la vecchia de la vavosa
subbeto disse: "Ah schefenzosa,
De sta manera non truove partito
'ncanne te resta lu marito!
Si aie voglia de te allucà
Tante smorfie nun aje da fa:
fora le zeze e fora lu scuorno,
anema e core, faccia de cuorno!
Ciò sentenno la zì Sardella
S'affacciaje a la fenestella,
facette l'uocchie azzennarielle
a lu speruto 'nnammuratiello.
Ma la patella che steva de posta
la chiammaje "faccia tosta,
Tradetora, sbregognata,
senza parola e malenata
ch'avea 'nchiantato l'Allitterato
primmo e antico 'nnammurato.
De carrera da chisto jette
e ogni ccosa lle ricette.
Quanno la 'ntise lo puveriello
se lo pigliaje Farfariello,

grasso e tondo glielo disse.
Nel sentirla, la sardella
diventò tutta rossa
e per la vergogna che la prese
sotto uno scoglio si infilò.
Ma la vecchia bavosa
subito disse: "Ah schifiltosa,
in questa maniera non trovi un partito,
in gola ti resta il marito!"
Se hai voglia di piazzarti,
tante smorfie non devi fare:
fuori lo charme e via la timidezza,
anima e cuore, faccia tosta!
Ciò sentendo, la zia Sardella
s'affacciò alla finestrella
fece gli occhi dolci
all'ingolosito innamoratello.
Ma la patella, che stava appostata,
la chiamò "faccia tosta,
traditora, svergognata,
senza parola e malnata,
perché aveva piantato l'Allitterato,
primo e antico fidanzato
Di carriera da questo andò
e ogni cosa gli disse.
Quando la sentì il poveretto
se lo prese Farfariello [un demonietto],

jette a la casa, se armaje a rasùlo,
se ncarricaje comme a nu mulo
de scuppette, de spingarde,
pòvere, palle, stoppa e scarde,
quatte pistole e tre bbajonette
dinto a la sacca se mettette
Ncoppa a li spalle settanta pistune,
ottanta bombe e nuvanta cannune
e comme a Guappo Uallarino
ghieva truvanno lo Guarracino.
La desgrazia de chisto purtaje
che mmiezo a la piazza se lo
ncuntraje!
Se l'afferra po' cruattino
e ppo' le dice: "Ah malandrino
tu me lieve la 'nnammurata
e pigliatella sta mazziata!"
Tùffete tàffete a meliune
le deva paccare e secuzzune
Schiaffe ponie e perepesse
scuppulune fecozze e cunnesse
scerevecchiune e sicutenosse
e l'ammacca osse e pilosse!
Venimmancenne che a lu rummore
pariente e amice ascettero fore
chi cu mazze curtielle e curtelle
chi cu spate spatune e spadelle

andò a casa, s'armò di rasoio,
si caricò come un mulo
di schioppi, di spingarde,
polvere, palle, stoppa e schegge,
quattro pistole e tre baionette
in tasca si mise.
Sulle spalle settanta colubrine,
ottanta bombe e novanta cannoni
e come Guappo Uallarino
andava cercando il Guarracino.
La sfortuna volle
che in mezzo la piazza lo
incontrò
L'afferra per il cravattino
e poi gli dice: "Ah malandrino
tu mi levi la fidanzata
e prenditela questa bastonatura!"
Tuffete taffete a milioni
gli dava paccare e secuzzune
schiaffi pugni e perepesse
scuppulune fecozze e cunnesse
scerevecchiune e sicutenosse
e gli pesta ossa e cartilagini!
E vediamo che al rumore
parenti e amici uscirono fuori
chi con mazze coltelli e coltellini
chi con spade spadone e spadini

chillo cu barre chisto cu spito	quello con sbarre, questo con spiedo
chi cu ammennole e chi cu antrìto	chi con mandorle e chi con nocciole
chi cu tenaglie chi cu martielle	chi con tenaglie chi con martelli
chi cu turrune e susamielle!	chi con torroni e torroncini!
Pate, figlie, marite e mmugliere	Padri, figli, mariti e mogli
s'azzuffajeno comm' a ffere,	s'azzuffarono come fiere
a meliune correvano a strisce	a milioni accorrevano a frotte
de chisto partito e de chille li pisce!	di questa fazione e di quella i pesci!
Che bediste de sarde e d'alose	Quante ne vedesti di sarde e di alose
de palamete e raje petrose	di palamiti e raje pietrose
sarache dientece e achiate	saraghi dentici e occhiate
scureme tunne e allitterate	scurmi tonni e allitterati
pisce palummo e piscatrice	pesci palombo e pescatrici
scuorfane cernie e alice	scorfani cernie e alici
mucchie ricciole musdee e mazzune	mucchi ricciole musdee e mazzoni
stelle aluzze e sturiune	stelle alucce e storioni
merluzze vongole e murene	merluzzi vongole e murene
caperuoglie orche e vallene	capodogli orche e balene
capitune auglie arenghe	capitoni aguglie e aringhe
ciefale cuocce tràcene e tenghe	cefali cocci tracine e tinche
treglie tremmole trotte e tunne	triglie tremmole trotte e tonni
feche cepolle laùne e rutunne	fichi cipolle laùne e rotondi
purpe secce e calamare	polipi seppie e calamari
pisce spata e stelle de mare	pesci spada e stelle di mare
pisce palumme e pisce rnartielle	pesci palombo e pesci martello
voccadoro e cecenielle	boccadoro e cicinielli
capechiuovo e guarracine	testa di chiodo e guarracini

cannulicchie ostreche e angine
vongole cocciole e patelle
piscecane e grancetielle
marvizze marmure e vavose
vope prene, vedove e spose
spìnole spuònole sierpe e sarpe
scàuze nzuòccole o cu lli scarpe
scunciglie gammere e raoste
vennero 'nfino cu lli poste!
Capitune saure e anguille
pisce gruosse e piccerille
d'ogni ceto e nazione
tantille, tante, cchiù tante e
tantone!
Quanti botte mammamia
che se deveno arrassosia!
A centenaro le varrate,
a meliune le pretate,
muorze e pizzeche a bbeliune,
a deluvio le secuzzune,
nun ve dico che bivo fuoco
se faceva per ogni luoco!
Tettettè ccà pistulate
tattattà là scoppettate
tuttuttù ccà li pistune
bubbubbù là li cannune
Ma de cantà so ggià stracquato

cannolicchi ostriche e angine
vongole cocciole e patelle
pescecani e granchietti
marvizzi marmure e bavose
vope pregne, vedove e spose
spìnole spuònole serpi e sarpe
scalze con zoccoli o con scarpe
paguri gamberi e aragoste
vennero perfino con le diligenze!
Capitoni sauri e anguille
pesci grossi o piccini
d'ogni ceto e nazione
di tutte le taglie!
Quante botte
mammamia
che si davano non sia mai!
A centinaia le bastonate
a milioni le pietrate,
morsi e pizzichi a bilioni,
a diluvio i secuzzoni
non vi dico che vivo fuoco
si faceva per ogni luogo!
Tetettè quà pistolettate
tattattà là schioppettate
tuttuttù quà le colubrine
bubbubbù là i cannoni!
Ma di cantare sono stanco

e me manca mò lu sciato
sicché dateme licenza
graziosa e bella audienzia
nfi che sorchio “na meza de seje”
co salute de luje e de leje
cà se secca lu cannarone
sbacantannose lu premmone!

e mi manca ora il fiato
perciò datemi licenza
grazioso e bel pubblico
Permettete che beva “un terzino”
alla salute di lui e di lei
sennò mi si secca il gargarozzo
svuotandosi il polmone!

I PESCI POVERI

Le specie scelte:

Aguglia • Alosa o cheppia • Argentina • Boga

Caviglione • Cepola • Gamberessa • Gamberetto di fango

Gattuccio boccanera • Gattuccio • Ghiozzo nero

Granchio di sabbia • Grongo • Latterino o crognolo

Linguattola • Melù o potassolo • Merlano • Merluzzetto

Mostella di fondale • Murena • Occhi verdi • Occhiata

Palamita • Pesce forca o cornuto • Pesce orologio o specchio

Pesce sciabola • Pesce tamburo • Polpo stringa

Rombo quattrocchi • Salpa • Sardina • Sciarrano

Scorfano di fondale • Sparaglione o sparlotto

Sugarello maggiore • Torpedine • Totano

Tracina drago • Zanchetta o suacia • Zerro

CLASSE: Osteichthyes
ORDINE: Cyprinodontiformes
FAMIGLIA: Belonidae

NOMI REGIONALI ITALIANI:

Toscana: aguglia; ***Liguria***: agun, aguggia, aguja, beccassin; ***Alto Adriatico***: angosigola, angusigolo, visigola, bisigola, beccone; ***Marche***: agora, aguzzello; ***Abruzzo***: auje, guje, aquile, nguscere; ***Puglia***: aguglia, acor, acura, ache; ***Lazio***: aguglia; ***Campania***: aguglia; ***Calabria***: augghia, ugghia, agugghia; ***Sicilia***: aguglia d'aliga, augghia, augghia 'i fannu (esemplari grossi); ***Sardegna***: aguglia, becculongu.

Inglese: *Garfish*
Francese: *Orphie, Aiguillette*
Spagnolo: *Aguja*
Tedesco: *Hornhecht*

AGUGLIA

Belone belone
(LINNEO, 1761)

Caratteristiche generali: il corpo dell'aguglia è estremamente allungato e compresso lateralmente. Gli occhi sono grandi e circolari. Le mascelle sono molto allungate e formano una specie di becco, munito di denti piccoli e aguzzi. Il colore del dorso è azzurro-bluastro oppure azzurro-verdastro. I fianchi sono argento brillante e il ventre è bianco. Questa specie può raggiungere la taglia massima di 70 cm.

Differenze rispetto alle specie affini: questa specie assomiglia allo *Scomberesox saurus*, che però ha le mascelle meno sottili, l'inferiore è più larga della superiore, e le pinne dorsali e anali sono seguite da piccole spine in direzione della coda.

Habitat e distribuzione geografica: l'aguglia è un pesce pelagico che vive in prossimità della superficie del mare. In inverno, si ritrova più vicino alla costa e può penetrare nelle lagune. Si trova in Atlantico nord orientale, dalla penisola Iberica alle Canarie, e in Mediterraneo.

Biologia ed ecologia: questa specie spicca dei salti fuori dall'acqua per sfuggire ai suoi principali predatori, delfini e tonni. La notte gli individui vengono attratti da fonti luminose e durante questo periodo vanno in cerca di cibo. Si nutrono di pesci, preferibilmente acciughe e sardine, che riescono a catturare grazie alle lunghe mascelle. La riproduzione avviene alla fine della stagione fredda (febbraio-maggio). Le uova sono attaccate mediante un filamento alla superficie delle alghe o altri oggetti flottanti.

Pesca: l'aguglia non è oggetto di pesca mirata, ma comunque viene catturata con reti a circuizione, insieme ad altre specie di pesce azzurro, e con i palangari. Si pesca preferibilmente ad una profondità non superiore a 50 m. Ha carni buone ma poco apprezzate, forse anche per la colorazione verde azzurra dello scheletro.

Classe: Osteichthyes
Ordine: Clupeiformes
Famiglia: Clupeidae

Nomi Regionali Italiani:

Toscana: alaccia; ***Liguria***: laccia, lacìa; ***Alto Adriatico:*** ciepa, ceppa; ***Marche***: chieppa; ***Abruzzo***: creppia, chjappie, chjeppe; ***Puglia***: sardone, chieppa, alosa, sarache; ***Lazio***: laccia, saraca; ***Campania***: alosa, saraca, seccia; ***Calabria***: alosa, saracuni, alaccia; ***Sicilia***: alosa, alaccia; ***Sardegna***: alosa, saboga, laccia.

Inglese: *Nile twaite shad*
Francese: *Alose finte nilotique*
Spagnolo: *Alosa mediterránea*
Tedesco: *Mittelmeer-finte*

ALOSA O CHEPPIA

Alosa fallax nilotica
(Geoffroy, 1827)

Caratteristiche generali: a prima vista assomiglia a una grossa sardina. Il corpo è allungato e compresso. Gli occhi sono grandi e muniti di palpebre adipose. La bocca è ampia con la mascella inferiore prominente. Il colore del dorso è verde-azzurro con ventre e fianchi argentei; possiede da 1 a 8 macchie nere allineate sulla parte anteriore dei fianchi, la prima, subito dietro le branchie, è più grande e marcata. Può raggiungere 50 cm di lunghezza, anche se abitualmente non supera i 40 cm.

Differenze rispetto alle specie affini: si distingue sostanzialmente dalla sardina per la colorazione (macchie nere sui fianchi) e per la forma della bocca e degli occhi.

Habitat e distribuzione geografica: è una specie migratoria che durante il periodo primaverile risale i fiumi più importanti raggiungendo i tratti del medio corso dove si riproduce; gli adulti, dopo 1-2 mesi, lasciano le acque dolci per il mare, mentre i giovani rimangono nei corsi dei fiumi fino all'autunno. È molto diffusa nelle acque europee, dal Mediterraneo all'Atlantico orientale, dalla Norvegia fino a Gibilterra.

Biologia ed ecologia: si nutre prevalentemente di crostacei, piccoli pesci e plancton; interrompe l'alimentazione durante il periodo di risalita dei corsi d'acqua dolce. La riproduzione avviene in primavera o nei primi mesi dell'estate.

Pesca: la specie è inserita nella lista delle specie sfruttate che necessitano di una gestione oculata, secondo la convenzione di Barcellona del 1995. Ha carni scarsamente apprezzate perchè dure e ricche di spine. Per migliorarne il sapore, dopo una prima cottura, viene messa in carpione con erbe aromatiche. La pesca è concentrata in pochi mesi dell'anno; è una cattura molto ambita dai pescatori sportivi per la sua indole combattiva.

Classe: Osteichthyes
Ordine: Osmeriformes
Famiglia: Argentinidae

Nomi Regionali Italiani:

Toscana: argentino; ***Liguria***: argenti, agheu; ***Alto Adriatico***: argentin, arzentin; ***Abruzzo***: argentina; ***Puglia***: argentini; ***Lazio***: argentina; ***Campania***: babbaluscio, pisci lucito; ***Calabria***: guarnina; ***Sicilia***: curanedda 'mperiali, pisci argentinu; ***Sardegna***: argentin, algentin.

Inglese: *Lesser Silver smelt*
Francese: *Argentine*
Spagnolo: *Pez plata*
Tedesco: *Glasauge*

ARGENTINA

Argentina sphyraena
LINNEO, 1758

Caratteristiche generali: corpo affusolato, slanciato; occhi grandi, con diametro pari alla lunghezza del muso. Bocca piccola, con labbro superiore leggermente prominente rispetto a quello inferiore. Il colore del corpo è biancastro-grigiastro; lungo i fianchi decorre una larga fascia argentata. Al di sopra di questa si trova una sottile linea nerastra.
Può raggiungere anche i 40 cm di lunghezza totale, ma sono più comuni gli esemplari di taglia compresa tra 10 e 20 cm.

Differenze rispetto alle specie affini: il guardia-marina, *Glossanodon leioglossus*, è una specie molto simile all'argentina. Si differenzia da questa per la presenza di una linea nerastra più marcata ed evidente, e per la bocca, in cui il labbro inferiore è prominente rispetto a quello superiore.

Habitat e distribuzione geografica: è una specie pelagica e gregaria, che vive su fondali sabbiosi e fangosi, tra 50 e 500 m di profondità. È molto comune lungo le nostre coste. È presente nell'Atlantico orientale e in tutto il bacino Mediterraneo.

Biologia ed ecologia: si nutre di invertebrati, principalmente crostacei, sia planctonici che bentonici, e principalmente di crostacei planctonici. È una specie a sessi separati, che si riproduce durante il periodo invernale-primaverile.

Pesca: la cattura di questa specie avviene principalmente con reti a strascico di fondo. Carni molto saporite e delicate. L'importanza commerciale è limitata: viene consumata fritta o in bianco. In certe località, tuttavia, questa specie è molto apprezzata.

Classe: Osteichthyes
Ordine: Perciformes
Famiglia: Sparidae

Nomi Regionali Italiani:

Toscana: boga; ***Liguria***: buga, boga, bacello, pignetti (giovani); ***Alto Adriatico***: boba, boma, bobba, boga; ***Marche***: boba; ***Abruzzo***: bobba; ***Puglia***: vop, vopa, opa, opeareddu, opa de mazza (adulto), vuopa de portu; ***Lazio***: vopa; ***Campania***: vopa; ***Calabria***: uopa, opa, vopa; ***Sicilia***: opa, uopa, balaiola, oparedda; ***Puglia***: vop, vopa, opareddu, vuopa de portu; ***Sardegna***: boga, buga.

Inglese: *Bogue*
Francese: *Bogue*
Spagnolo: *Boga*
Tedesco: *Gelbstriemen*

BOGA

Boops boops
(Linneo, 1758)

Caratteristiche generali: corpo fusiforme e cilindrico nella parte anteriore. L'occhio è grande, mentre la bocca è piccola e con labbra sottili. La pinna dorsale è lunga. La coda è biloba e ben incisa. La colorazione è bluastra o verdastra sul dorso, argentea sui fianchi dove si notano 3 - 5 strie longitudinali dorate. Alla base delle pinne pettorali è presente una piccola macchia nera. Può raggiungere 35-40 cm di lunghezza totale, ma è più comune tra 10 e 25 cm.

Differenze rispetto alle specie affini: la forma caratteristica del corpo, non compressa, è differente da quella degli altri sparidi. L'unica specie cui assomiglia, per la presenza di bande longitudinali dorate, è la salpa, *Sarpa Salpa*, che però ha il corpo più alto e raggiunge dimensioni maggiori.

Habitat e distribuzione geografica: la boga è diffusa nel Mediterraneo e nel Mar Nero. La sua presenza è accertata fino a 350 m di profondità. Vive nella colonna d'acqua su vari tipi di fondo (sabbia, fango, roccia e praterie di Posidonia). È una specie gregaria che si sposta in gruppi tra il fondo e la superficie dove è più frequente durante la notte.

Biologia ed ecologia: si riproduce tra febbraio e maggio. L'alimentazione è onnivora, ma i giovani si cibano prevalentemente di animali mentre gli adulti di alghe.

Pesca: è una cattura accessoria della pesca commerciale, viene pescata con reti da posta, reti a strascico, lampare, volanti e lenze. Ha carni discretamente apprezzate in alcune regioni italiane (Meridione), anche se di scarso valore commerciale.

Classe: Osteichthyes
Ordine: Scorpaeniformes
Famiglia: Triglidae

Nomi Regionali Italiani:

Toscana: caviglione, caviglia, gallinella, capocchione; ***Liguria***: cavillun, caviggione; ***Alto Adriatico***: imbriago, musoduro, anzoleto, turchelo; ***Marche***: pregnetto; ***Puglia***: capuane, capone, asianello; ***Lazio***: chiodo, capone chiodo; ***Campania***: scaviglione; ***Sicilia***: faggianu, cocciu.

Inglese: *Large-scaled gurnard*
Francese: *Cavillone commun*
Spagnolo: *Cabete*
Tedesco: *Stachel-Knurrhahn*

CAVIGLIONE

Lepidotrigla cavillone
(Lacepède, 1801)

Caratteristiche generali: corpo affusolato, con testa grossa, ricoperta da robuste placche ossee. Davanti agli occhi sono presenti due spine. Sull'opercolo è presente una spina. Le scaglie della linea laterale sono grosse e più larghe che lunghe. Il colore del corpo è rossastro sul dorso, biancastro sul ventre. Le pinne pettorali sono blu scure, rosate alla base. Può raggiungere una taglia massima di circa 20 cm, sebbene sia più comune tra 8 e 12 cm.

Differenze rispetto alle specie affini: il capone coccio, *Aspitrigla cuculus*, si differenzia dal caviglione per l'assenza di spine nella testa, per il colore rosso brillante e gli occhi gialli. Il capone gavotta, *A. obscura*, è riconoscibile per il secondo raggio della prima pinna dorsale notevolmente lungo. Il capone gorno, *Eutrigla gurnardus*, ha una colorazione brunastra ed una macchia scura a livello della prima pinna dorsale. La gallinella, *Trigla lucerna*, è il triglide di maggiori dimensioni; ha le pinne pettorali molto sviluppate di colore blu scuro. Il capone lira, *Trigla lyra*, possiede spine molto pronunciate sul labbro superiore e sull'opercolo. Il capone ubriaco, *Trigloporus lastoviza*, ha una colorazione molto accesa e il profilo del capo è appiattito. La specie più simile al caviglione è il caviglione spinoso, *Lepidotrigla dieuzeidei*, ma si distingue per l'assenza delle spine nell'area preorbitale e per le scaglie della linea laterale molto grandi.

Habitat e distribuzione geografica: vive sui fondali fangosi della piattaforma continentale (50-200 m di profondità). È comune in tutto il Mediterraneo e lungo le coste orientali dell'Atlantico.

Biologia ed ecologia: si nutre principalmente di piccoli crostacei. È una specie a sessi separati. La riproduzione avviene dall'inizio della primavera fino alla fine del periodo estivo.

Pesca: il caviglione viene pescato principalmente con reti a strascico di fondo. L'importanza commerciale è limitata. Ha carni mediocri, spinose: È un tipico pesce da zuppa, anche se gli esemplari più grandi vengono consumati bolliti o cotti al forno.

Classe: Osteichthyes
Ordine: Perciformes
Famiglia: Cepolidae

Nomi Regionali Italiani:

Toscana: stringa, cipolla; ***Liguria***: picaggia, scignua, ruggeolo, calignairis; ***Alto Adriatico***: pesse cordela, cepola, pesse spada; ***Marche***: galera; ***Lazio***: cipolla; ***Campania***: cepolla, ziarella, pesce fettuccia, festuccia; ***Calabria***: cipudda, cipuja; ***Sicilia***: pisci bannera e bannerina, bannera russigna e 'mperiali, pisci cucuzza; ***Sardegna***: pisci cipolla, pisci cibudda.

Inglese: *Red bandfish*
Francese: *Cépole rougeâtre; demoiselle*
Spagnolo: *Cinta*
Tedesco: *Bandfisch*

CEPOLA

Cepola rubescens
(LINNEO, 1758)

Caratteristiche generali: il corpo è molto allungato e nastriforme, con testa piccola e bocca ben sviluppata con denti aguzzi. Le pinne dorsale ed anale sono molto lunghe. La colorazione è rosso scuro o rosso arancione. Nelle femmine, pinna dorsale ed anale sono stesso colore del corpo mentre nei maschi sono gialle e orlate da una striscia violetta; questa differenza si accentua ancora di più nel periodo riproduttivo. La taglia massima è di circa 70 cm anche se la maggior parte degli esemplari supera i 30-35 cm di lunghezza totale.

Differenze rispetto alle specie affini: per la forma e la colorazione del corpo questa specie è inconfondibile.

Habitat e distribuzione geografica: vive a contatto con i fondali sabbio-fangosi, da pochi metri fino a circa 200 m di profondità. È diffusa in Atlantico nord-orientale, dalle Isole Britanniche al Senegal ed è molto frequente in Mediterraneo, specialmente nella zona occidentale.

Biologia ed ecologia: la cepola è solita interrarsi nel fango o nascondersi in cavità rocciose. Solitamente vive in piccoli gruppi anche se si possono ritrovare esemplari che conducono vita solitaria. È una specie carnivora che si nutre di piccoli crostacei. Il periodo riproduttivo inizia a primavera e termina a fine estate. Le uova e le larve sono pelagiche. La maturità sessuale dei maschi viene raggiunta a due anni di età mente le femmine sono mature già a un anno.

Pesca: viene pescata quasi esclusivamente con le reti a strascico di fondo e le catture mostrano una spiccata stagionalità, con valori più alti a fine primavera e minimi a inizio inverno. Non ha un elevato valore commerciale, anche se è un elemento caratteristico della "frittura di paranza", se di piccole dimensioni, e per zuppe di pesce, se di maggiori.

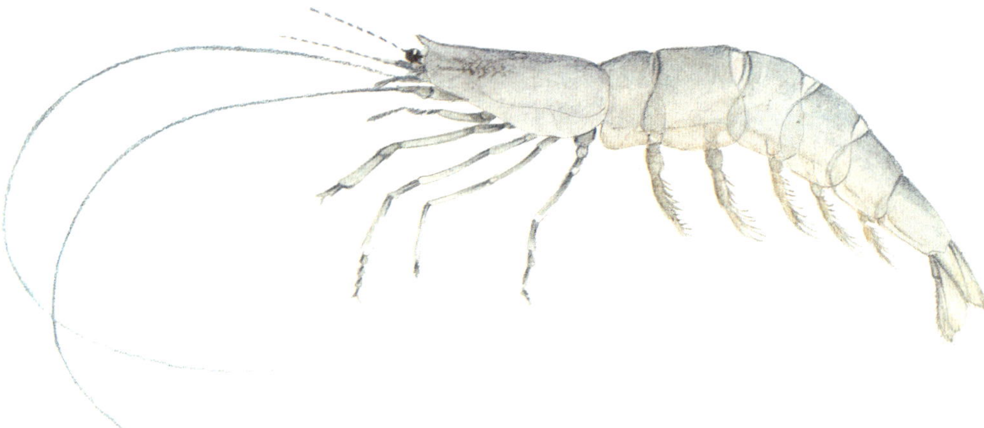

Classe: Eucarida
Ordine: Decapoda
Famiglia: Pasiphaeidae

Nomi Regionali Italiani:

Non segnalati.

Inglese: *White glass shrimp*
Francese: *Sivade blanche*
Spagnolo: *Camarón blanco*

GAMBERESSA

Pasiphaea sivado
(Risso, 1816)

Caratteristiche generali: la gamberessa ha corpo particolarmente compresso in senso laterale. Il rostro è costituito da un singolo dente diretto anteriormente. Le prime due paia di pereiopodi (appendici toraciche) possiedono una chela; il quarto paio è molto più corto del terzo e del quinto. Il corpo è trasparente-vetroso, con alcuni cromatofori rossastri distribuiti sui segmenti addominali, sulle antenne e sui pereiopodi. È una specie di piccole dimensioni, raggiunge al massimo 80 mm di lunghezza totale; più comunemente si rinvengono esemplari tra 40 e 50 mm di lunghezza totale.

Differenze rispetto alle specie affini: la specie congenere, *Pasiphaea multidentata*, nota come gamberessa grande o rosa, si differenzia dalla gamberessa per le maggiori dimensioni, per una colorazione più rossastra e per la presenza lungo i segmenti addominali di una cresta dorsale.

Habitat e distribuzione geografica: vive su fondali fangosi fino a 1000 m di profondità. Più comunemente viene catturata tra 300 e 500 m di profondità. È distribuita in tutto il bacino del Mediterraneo e lungo le coste orientali dell'Atlantico.

Biologia ed ecologia: si nutre di piccoli organismi bentonici. Ci sono poche informazioni sulla biologia di questa specie, ma sembra che il periodo riproduttivo sia esteso tra dicembre e giugno.

Pesca: la gamberessa viene catturata esclusivamente con reti a strascico di fondo. È una cattura accessoria, spesso molto abbondante, della pesca effettuata a elevate profondità (400-600 m) indirizzata alla cattura dei gamberi rossi. Ha un'importanza commerciale limitata e influenzata dalle richieste del mercato; spesso gran parte della cattura viene scartata.

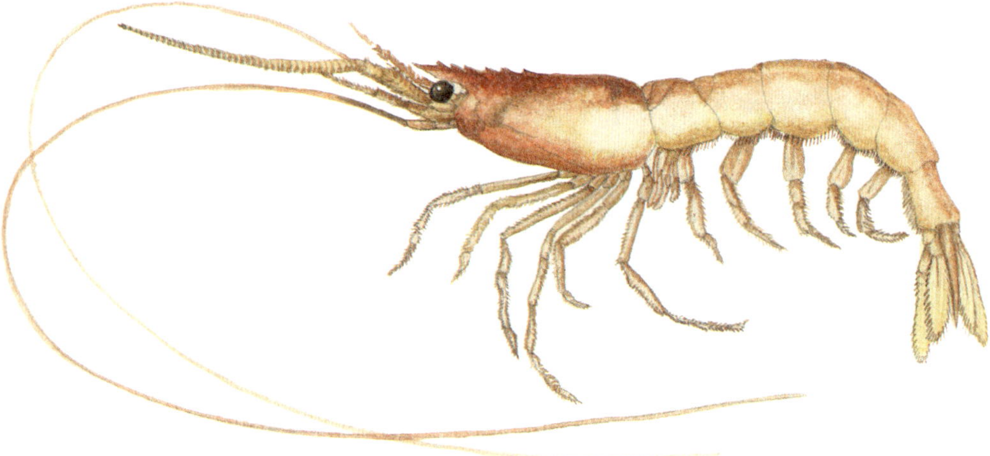

Classe: Eucarida
Ordine: Decapoda
Famiglia: Solenoceridae

Nomi Regionali Italiani:

Non segnalati.

Inglese: *Atlantic mud shrimp*
Francese: *Crevette de vase*
Spagnolo: *Gamba de fango del Atlántico*
Tedesco: *Membran-Geißelgarnele*

GAMBERETTO DI FANGO

Solenocera membranacea
(Risso, 1816)

Caratteristiche generali: corpo incurvato, Il rostro presente nella parte anteriore del carapace è corto, ed è munito di 7 denti sul bordo dorsale. Le antenne sono molto lunghe; le antennule sono ravvicinate, quasi fuse, a formare un lungo tubo con funzione respiratoria. Le prime tre paia di appendici toraciche (pereiopodi) sono munite di pinze. La colorazione del corpo è arancio-rossastra, più o meno trasparente.
Può raggiungere una taglia massima di 12 cm di lunghezza totale, ma è più comune tra 7 e 9 cm.

Differenze rispetto alle specie affini: si differenzia dagli altri decapodi natanti, comunemente definiti gamberetti, per la presenza del tipico tubo respiratorio.

Habitat e distribuzione geografica: il gamberetto di fango è una specie tipica dei fondali fangosi; vive a profondità comprese tra 30 e 700 m. È distribuito in tutto il bacino del Mediterraneo e lungo le coste orientali dell'Atlantico.

Biologia ed ecologia: si nutre di piccoli organismi, in particolare molluschi, crostacei e vermi. Non esistono informazioni sulla biologia riproduttiva di questa specie.

Pesca: il gamberetto di fango viene pescato principalmente con reti a strascico di fondo. Ha un'importanza commerciale limitata: viene venduto insieme ad altri gamberetti in cassette miste. Viene utilizzato essenzialmente per fritture o per la preparazione di sughi per la pasta.

Classe: Elasmobranchii
Ordine: Carcharhiniformes
Famiglia: Scyliorhinidae

Nomi Regionali Italiani:

Toscana: pesce impiso, boccanegra; ***Liguria***: moiella, bardulin, lambarda, boccanera, gattuso; ***Abruzzo***: stiure; ***Puglia***: cintrune, vokke de 'nfierne; ***Lazio***: gatto; ***Campania***: pesce 'mpiso; ***Sicilia:*** pisci vacca, vaccaredda, pisci vucca d'infernu, cazzuni; ***Sardegna***: pisci gattu de scoglio.

Inglese: *Black-mouth catshark*
Francese: *Chien espagnol*
Spagnolo: *Pintarroja bocanegra*
Tedesco: *Fleckhai*

GATTUCCIO BOCCANERA

Galeus melastomus
(RAFINESQUE, 1810)

Caratteristiche generali: corpo allungato, fusiforme, appiattito nella parte anteriore. La bocca è situata centralmente; ha forma arcuata ed è dotata di denti appuntiti. Gli occhi hanno forma ellittica. Le fessure branchiali sono 5; l'ultima è situata sopra le pinne pettorali. La pelle, come in tutti gli elasmobranchi, è rivestita di piccoli dentelli cornei, disposti con la punta rivolta posteriormente. La prima pinna dorsale è ridotta ed è situata nella metà posteriore del corpo; la seconda è in prossimità della coda. La pinna anale è molto sviluppata, la caudale è tipicamente eterocerca. Il colore è grigio-brunastro, con macchie più scure; il ventre è biancastro. L'interno della bocca è nerastro, da cui il nome di gattuccio boccanera. Può raggiungere una taglia massima di circa 60 cm.

Differenze rispetto alle specie affini: si differenzia dalle due specie appartenenti al genere *Scyliorhinus* per la colorazione, che nel gattuccio boccanera è decisamente più scura.

Habitat e distribuzione geografica: il gattuccio boccanera è una specie tipica di acque profonde. Si trova generalmente oltre i 300 m di profondità, su fondali fangosi. I giovani (fino a 20 cm di lunghezza totale) sono più abbondanti tra 300 e 400 m di profondità. Oltre i 400 m prevalgono gli esemplari adulti. È comune in tutto il Mediterraneo occidentale.

Biologia ed ecologia: si nutre di pesci, molluschi e crostacei. È una specie a sessi separati. La fecondazione è interna; come in tutti gli elasmobranchi, i maschi sono dotati di due pterigopodi. La riproduzione avviene durante il periodo estivo. La femmina produce fino a 6 uova racchiuse in capsule quadrangolari di color ambra, prive di barbigli.

Pesca: viene pescato principalmente con reti a strascico di fondo; tuttavia, rappresenta anche una cattura accessoria della pesca al nasello con le cosiddette "nasellare", reti da posta monofilamento. L'importanza commerciale è limitata, essendo la carne scadente, ma sui mercati viene venduto già privato della testa e spellato.

Classe: Elasmobranchii
Ordine: Carcharhiniformes
Famiglia: Scyliorhinidae

Nomi Regionali Italiani:

Toscana: gattuccio; ***Liguria***: gattuso, pintorusso; ***Alto Adriatico***: gata, gata de quarnero; ***Marche***: gattuccia, gattuccia punteggiata, gattina, gattocele; ***Lazio***: gattuccio; ***Campania***: cacciuottolo, cacciottello, pardolle; ***Calabria***: gattariellu; ***Sicilia***: gattareddu, attaredda, cazzuni, jattupardu, gattucciu, jadduzzu; ***Sardegna***: gattu de mari, gatuzzu.

Inglese: *Dogfish*
Francese: *Petit chat de mer*
Spagnolo: *Pintarroja*
Tedesco: *Kleiner Katzenhai*

GATTUCCIO

Scyliorhinus canicula
(Linnaeus, 1758)

Caratteristiche generali: corpo slanciato, compresso lateralmente nella parte più prossima alla coda. Gli occhi hanno forma ellittica; la bocca è posta in posizione ventrale ed è dotata di piccoli denti disposti su più file. Sono presenti 5 fessure branchiali. Le pinne dorsali sono 2. La coda è tipicamente eterocerca. Il colore è grigio-giallastro, con macchie brunastre, grigiastre e biancastre. Misura fino a 80 cm, ma è più comune tra 20 e 50 cm.

Differenze rispetto alle specie affini: il gattuccio si distingue dal gattopardo, *S. stellaris*, per le dimensioni delle macchie: il gattopardo, infatti, possiede macchie più sviluppate e tondeggianti. Le macchie del gattopardo sono più scure di quelle del gattuccio.

Habitat e distribuzione geografica: vive principalmente nelle acque della piattaforma continentale (fino a 200 m di profondità). È diffuso in tutto il Mediterraneo e molto comune nei mari italiani; vive su fondali sabbiosi e fangosi; è presente anche negli habitat rocciosi, soprattutto durante il periodo della deposizione delle uova.

Biologia ed ecologia: è un predatore che si nutre di piccoli vertebrati e di invertebrati. È una specie a sessi separati. La fecondazione è interna; i maschi sono dotati di due organi sessuali, detti pterigopodi; si riproduce tra aprile e giugno. Le femmine depongono le uova attaccandole a gorgonie, spugne, rocce, ecc.; le uova sono dotate di filamenti che ne favoriscono l'adesione.

Pesca: la cattura avviene attraverso diversi sistemi di pesca, ma principalmente con strascico di fondo e reti da posta. La qualità delle carni è buona; la specie è molto apprezzata in alcune regioni italiane. La commercializzazione è ristretta agli esemplari più grandi, mentre i più piccoli vengono solitamente scartati.

CLASSE: Osteichthyes
ORDINE: Perciformes
FAMIGLIA: Gobidae

NOMI REGIONALI ITALIANI:

Toscana: ghiozzo; ***Liguria***: ghiggiun da fundu, mugno; ***Alto Adriatico***: paganello, goatto, murscione, paganelo de mar, menuagia bianca e mora, guato; ***Marche***: guatto, guattio di maggio; ***Abruzzi***: buatta, baette; ***Puglia***: ghiggion, maccarone, cugione; ***Lazio***: mozzone; ***Campania***: mazzone 'e fango; ***Sicilia***: mazzuni, saracinu i fangu e lisciu, muzzuneddu, muzzuneddu maccarunaru, uggiuni u fangu; ***Sardegna***: maccione concaniedda, conca de moru, maccione de fango.

Inglese: *Black goby*
Francese: *Gobie noir*
Spagnolo: *Chaparrudo*
Tedesco: *Schwarzküling*

GHIOZZO NERO

Gobius niger
LINNEO, 1758

Caratteristiche generali: corpo cilindrico e tozzo, con testa grande e occhi distanti; bocca ben sviluppata. La prima pinna dorsale è provvista di sei raggi, che solo nei maschi adulti sono prolungati in sottili filamenti. La coda è larga con margine arrotondato. Il corpo che, in genere, ha una colorazione tra il bruno chiaro e lo scuro, presenta delle macchie nere ed una macchia scura sulla pinna dorsale; il ventre è generalmente più chiaro. Il maschio è molto più scuro della femmina e può avere tonalità azzurrognole. Le pinne ventrali sono saldate tra di loro a formare una ventosa, di colore nerastro. La taglia massima è intorno a 16 cm.

Differenze rispetto alle specie affini: può essere confuso con le altre specie di gobidi, poiché a prima vista la colorazione e la forma del corpo sono molto simili tra loro. La differenza fondamentale che lo distingue dalle altre specie, oltre al notevole sviluppo delle pinne dorsali e anali, è la presenza di una macchia caratteristica nella parte anteriore della pinna dorsale.

Habitat e distribuzione geografica: è una specie ad ampia distribuzione geografica: si ritrova in tutto il Mediterraneo e nell'Atlantico orientale. Si trova sempre a stretto contatto con il fondo, come tutte le specie della famiglia Gobidi. Colonizza fondi sabbiosi e fangosi, cercando rifugi tra rocce e conchiglie vuote.

Biologia ed ecologia: si riproduce da marzo a maggio. La femmina depone uova a forma di clava, fissandole su corpi sommersi di varia natura. I maschi restano a guardia della covata sino al momento della schiusa, ventilando le uova con movimenti della pinna caudale e delle pinne pettorali. Scava piccole buche nel sedimento o sfrutta quelle fatte da altri organismi. Si nutre di crostacei, policheti, gasteropodi e piccoli pesci.

Pesca: viene catturato principalmente con reti da traino di fondo (strascico e rapido), nasse, draghe e lenze. Ha carni bianche e delicate. Ha un discreto valore commerciale, soprattutto in Adriatico, non molto richiesto nel Meridione.

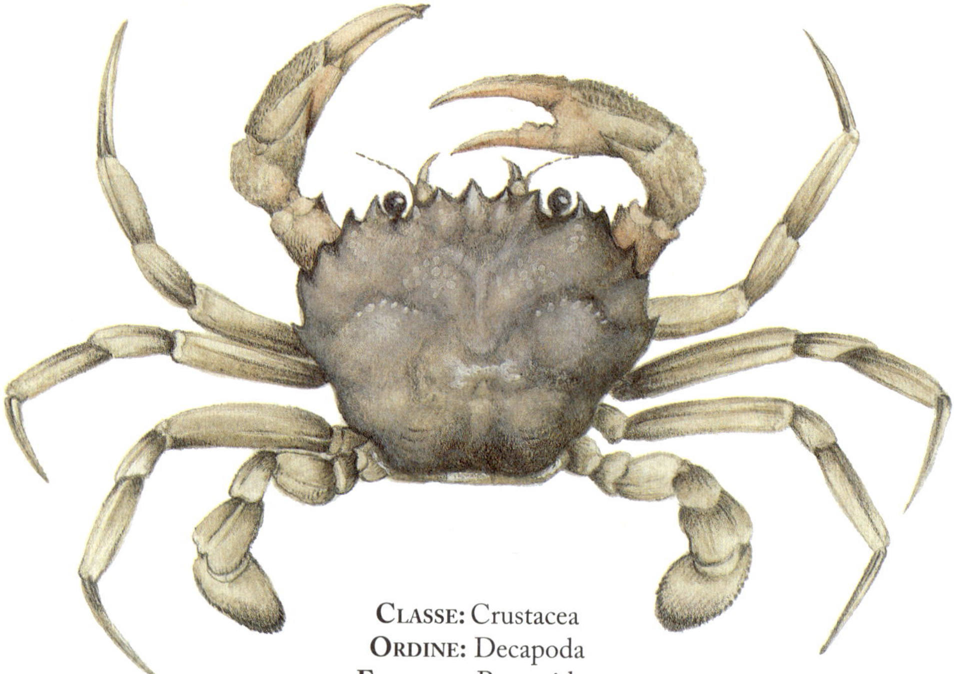

Classe: Crustacea
Ordine: Decapoda
Famiglia: Portunidae

Nomi Regionali Italiani:

Non segnalati.

Inglese: *Smooth swimcrab*
Francese: *Etrille lisse*
Spagnolo: *Cangrejo costero*

GRANCHIO DI SABBIA

Liocarcinus vernalis
(Risso, 1816)

Caratteristiche generali: carapace leggermente convesso, con superficie liscia, sia dorsale che ventrale. Il bordo anteriore del carapace ha 5 denti appuntiti e di uguali dimensioni. Il colore varia dal verde al grigio uniforme. Le palette dell'ultimo paio di arti sono ovali e prive di una particolare colorazione. La lunghezza massima del carapace è di circa 4 cm ma è più comune tra 2,5 e 3,5 cm.

Differenze rispetto alle specie affini: sono numerose le somiglianze, per un occhio non attento, con granchi dello stesso genere o del genere *Macropipus* e *Cancer*. Il genere *Macropipus* però si differenzia da *Liocarcinus* per la presenza del 5° dente del bordo anteriore più lungo degli altri e diretto in fuori, mentre la differenza tra genere *Cancer* e genere *Liocarcinus* sta nel fatto che il primo non presenta palette natatorie all'ultimo paio di arti. A prima vista, si differenzia dal granchio di strascico (*L. depurator*), per il colore verdastro e per le palette che sono incolori, a differenza di quelle di *L. depurator,* che tendono all'azzurro.

Habitat e distribuzione geografica: *L. vernalis* si trova in tutto il bacino del Mediterraneo. È una specie litoranea molto comune, che vive interrato nella sabbia nelle acque costiere e negli ambienti salmastri.

Biologia ed ecologia: È un buon nuotatore, come del resto tutte le specie di questa famiglia.

Pesca: viene pescato con lo strascico, le draghe, i tramagli e le nasse. È presente occasionalmente in alcuni mercati locali, dove è molto apprezzato, ed ha in tali circostanze un valore commerciale maggiore di quello del granchio di strascico.

Classe: Osteichthyes
Ordine: Anguilliformes
Famiglia: Congridae

Nomi Regionali Italiani:

Toscana: grongo; ***Liguria***: bruncu, bruncu de scheuggio, grungao, tiagallu; ***Alto Adriatico***: vrongo, grongo; ***Marche***: grongo; ***Abruzzo***: vronco, gronghe; ***Puglia***: grueng, gruenghele, gruenche, ronco; ***Lazio***: gronco; ***Campania***: ruongo, ruongo d'arena, ruongo 'e scoglio, ruongo 'e fango; ***Calabria***: arunco, groncu, rungu; ***Sicilia***: rungu di fangu, r. di niuru e di rocca, grungu niuru; ***Sardegna***: salixi, s. biancu e s. de scogliu.

Inglese: *Europena conger*
Francese: *Congre commun*
Spagnolo: *Congrio*
Tedesco: *Meeraal*

GRONGO

Conger conger
(Linneo, 1758)

Caratteristiche generali: corpo allungato e cilindrico con il capo schiacciato e il muso lungo e arrotondato. Labbra grosse e carnose, apertura boccale molto ampia. I denti sono molto numerosi, piccoli e conici, le scaglie sono assenti. Le femmine sono generalmente più grandi dei maschi. La colorazione varia in base alla maturità sessuale: gli esemplari immaturi hanno il dorso grigio, i fianchi bianchi e la pinna dorsale bordata di nero; quelli maturi hanno il dorso nero, una minore pigmentazione sui fianchi ed occhi più grandi. Può arrivare fino a oltre 2 m di lunghezza e può raggiungere i 60-70 kg di peso.

Differenze rispetto alle specie affini: si differenzia dall'anguilla per l'assenza di scaglie e per la presenza della mascella inferiore non protratta. A differenza della murena ha la pettorale ben sviluppata.

Habitat e distribuzione geografica: il grongo è presente nell'Atlantico orientale dalla Norvegia al Senegal, e in tutto il bacino del Mediterraneo. Vive sia su fondi molli che duri. Ha distribuzione batimetrica molto ampia, dalle acque costiere fino a circa 1000 m di profondità.

Biologia ed ecologia: si riproduce in estate. Le forme giovanili attraversano numerose fasi prima di arrivare ad assomigliare all'adulto. È un predatore notturno molto vorace; la dieta è a carico di altri pesci, ma può comprendere anche crostacei e molluschi.

Pesca: viene pescato con una grande varietà di attrezzi: reti a strascico, reti da posta, palangari e nasse. È una preda comune per i pescatori subacquei, anche se va trattata con molta cautela, dato che i suoi morsi sono molto dolorosi. Ha uno scarso valore commerciale, anche se le sue carni sono molto saporite pur se piuttosto spinose, specialmente nella regione posteriore del corpo. Viene impiegato usualmente nelle zuppe di pesce.

Classe: Osteichthyes
Ordine: Atheriniformes
Famiglia: Atherinidae

Nomi Regionali Italiani:

Toscana: crognolo, crognolino, latterino; ***Liguria***: chenau, capassun; ***Alto Adriatico***: anguela, acquadela, geral, acquadella, laterein; ***Marche***: lattarino, anguela, agone; ***Abruzzo***: augurette, lattarone 'guarelle, 'cchialone, argentine, aunelle, cicinejie; ***Puglia***: chernelett, minoscia, grugnale, crunale, curnale capechiatte; ***Lazio***: lattarino; ***Campania***: lavone alicino, lavone sardaro, lavone capochiatto; ***Calabria***: curunedda, tistazza; ***Sicilia***: curanedda mazzurata, lattarina, attarina, muccu; ***Sardegna***: luscioli, lattarina, sicretu, muscioni connaru, muscioni bocca abentu.

Inglese: *Small sandsmelt*
Francese: *Petite athérine*
Spagnolo: *Pejerrey*
Tedesco: *Kleiner Ährenfisch*

LATTERINO O CROGNOLO

Atherina boyeri
Risso, 1810

Caratteristiche generali: corpo allungato, leggermente compresso lateralmente. La bocca è grande, inclinata e protrattile; la mandibola inferiore è prominente. Presenta due pinne dorsali separate. Il corpo presenta un aspetto squamoso, in certi punti traslucido, con una colorazione verdastra sul dorso e argentata sul ventre. La lunghezza massima è di 15 cm, ma sono più comuni taglie inferiori ai 10 cm di lunghezza totale.

Differenze rispetto alle specie affini: simile al latterino è la specie *Atherina hepsetus*, caratterizzata per dei prolungamenti ossei nella mandibola inferiore che si protendono fino all'altezza dell'occhio. La mascella superiore è comunque prominente rispetto a quella inferiore.

Habitat e distribuzione geografica: è una specie pelagica, è maggiormente presente nelle acque superficiali. Vive in acque costiere, talvolta in zone salmastre o, addirittura, nelle foci dei corsi d'acqua. È una specie molto comune lungo le nostre coste. È presente nell'Atlantico orientale e in tutto il bacino Mediterraneo.

Biologia ed ecologia: si nutre principalmente di crostacei planctonici. È una specie a sessi separati, che si riproduce durante il periodo primaverile.

Pesca: la cattura di questa specie avviene con attrezzi artigianali, principalmente con reti da posta a maglie molto fini, le cosiddette "crognolare". La si può catturare anche con il rezzaglio. L'importanza commerciale è limitata a certi mercati locali, in cui il latterino è molto apprezzato per le carni molto gustose. Lo si consuma principalmente fritto.

Classe: Osteichthyes
Ordine: Pleuronectiformes
Famiglia: Citharidae

Nomi Regionali Italiani:

Toscana: linguattola; ***Liguria***: petrale, pampaloti; ***Alto Adriatico***: pataracia scagiosa, pataragia e pataraccia, sues e zanchette; ***Marche***: zanchettone; ***Abruzzo***: cianchittone; ***Puglia***: zenghtton, zanchettone; ***Lazio***: suacia; Campania: suace 'e fango, suace; ***Sicilia***: linguatedda, panta 'mperiali di funnu; ***Sardegna***: palaria de fangu, suragia.

Inglese: *Spotted flounder*
Francese: *Cithare feuille*
Spagnolo: *Solleta*
Tedesco: *Großschuppige Scholle*

LINGUATTOLA

Citharus linguatula
(LINNEO, 1758)

Caratteristiche generali: corpo compresso dorso-lateralmente. Ha forma ellittica, allungata. Il muso è appuntito; la bocca è grande ed obliqua. La mandibola è prominente. Gli occhi sono sul lato sinistro; sono di forma ellittica e molto ravvicinati tra di loro. Il corpo è ricoperto da grosse scaglie. La pinna dorsale è unica e piuttosto sviluppata. La pinna anale è opposta alla dorsale e simile per dimensioni. La pinna caudale è spatolata, con i raggi centrali più sviluppati. Il colore del lato sinistro è giallastro, quello destro è incolore. Raggiunge la taglia massima di 25 cm di lunghezza.

Differenze rispetto alle specie affini: è piuttosto simile sia al rombo quattrocchi sia alle specie appartenenti al genere *Arnoglossus*. Si distingue da esse per le scaglie molto sviluppate e per la caratteristica forma del muso, piuttosto appuntita.

Habitat e distribuzione geografica: vive sui fondali sabbiosi e fangosi della piattaforma continentale. È diffuso in tutto il Mediterraneo, molto comune nei mari italiani.

Biologia ed ecologia: si nutre di piccoli crostacei ed altri organismi bentonici. Sono scarse le conoscenze sulla sua biologia. È, comunque, una specie a sessi separati.

Pesca: si cattura principalmente con reti a strascico di fondo e con reti da posta. È apprezzata soprattutto come pesce da frittura: gli esemplari più grandi fanno parte della "frittura di paranza", quelli più piccoli della cosiddetta "fritturella".

Classe: Osteichthyes
Ordine: Gadiformes
Famiglia: Gadidae

Nomi Regionali Italiani:

Toscana: stocco, stoccafisso, melù; ***Liguria***: putasseu, putassone; ***Alto Adriatico***: molo de parangal, ocialon; ***Marche***: occhialone; ***Abruzzo***: melù; ***Puglia***: tenchia, lozza, pesc ben; ***Lazio***: melù; ***Campania***: lupara; ***Calabria***: mirruzzu sapunaru; ***Sicilia***: pisci fica, mirruzzi 'mperiali, sadda i Spagna, struzzu; ***Sardegna***: stocco putassù, putassù.

Inglese: *Blue whiting*
Francese: *Merlan bleu*
Spagnolo: *Bacaladilla*
Tedesco: *Blauer Wittling*

MELÙ O POTASSOLO

Micromesisitus poutassou
(Risso, 1826)

Caratteristiche generali: corpo affusolato, leggermente compresso lateralmente. Due pinne anali, la prima più lunga della seconda, e tre pinne dorsali. La mascella inferiore è leggermente sporgente rispetto a quella superiore. La colorazione è grigio-bluastra sul dorso, argentata sui fianchi fino a divenire bianca sul ventre.
La dimensione massima (lunghezza totale) è prossima ai 50 cm, quella media 25 cm.

Differenze rispetto alle specie affini: specie simile al nasello, da cui si differenzia per la separazione ben netta delle tre pinne dorsali, le dentatura meno pronunciata, la colorazione più bluastra e la maggiore compressione laterale del corpo.

Habitat e distribuzione geografica: è un pesce mesopelagico diffuso in tutto il bacino mediterraneo e quindi in tutti i mari italiani. Compie vasti spostamenti nella colonna d'acqua, durante le ore del giorno. La specie si concentra in grandi gruppi, per cui è possibile riscontrare grandi concentrazioni di individui, soprattutto fasi giovanili, in aree geografiche ben localizzate.

Biologia ed ecologia: il periodo riproduttivo è concentrato nei mesi invernali, da gennaio ad aprile. La maturità è raggiunta intorno a due anni, ad una lunghezza di circa 20 cm. L'alimentazione si basa principalmente su piccoli crostacei pelagici, sebbene gli esemplari di maggiori dimensioni si nutrano anche di pesci e piccoli cefalopodi.

Pesca: viene catturato prevalentemente mediante pesca a strascico. Generalmente vengono sbarcati esemplari con taglie comprese tra 20 e 30 cm; quelli inferiori ai 15 cm vengono scartati, una volta catturati. Il valore commerciale è abbastanza basso, nonostante le buone qualità organolettiche (anche se le carni sono poco consistenti e poco saporite) e le grandi quantità catturate. È maggiormente apprezzato in Adriatico ed in alcune regioni tirreniche.

Classe: Osteichthyes
Ordine: Gadiformes
Famiglia: Gadidae

Nomi Regionali Italiani:

Alto Adriatico: molo de parangal, molo; ***Marche***: molo, morgano; ***Abruzzo***: arface, orfacio; ***Sicilia***: pisci fica.

Inglese: *Whiting*
Francese: *Merlan*
Spagnolo: *Merlán*
Tedesco: *Gabeldorsch*

MERLANO

Merlangius merlangus
(LINNEO, 1758)

Caratteristiche generali: corpo slanciato con mascella superiore leggermente prominente e mascella inferiore con un piccolo barbiglio. Presenza di tre pinne dorsali e due ventrali, la prima più lunga. La colorazione è molto variabile; dorso blu-scuro o grigio-verde, ventre bianco-giallastro o argentato. Spesso è presente una macchia scura alla base superiore della pinna pettorale. La taglia massima in Mediterraneo è 70 cm di lunghezza totale, anche se più comunemente si trovano esemplari compresi tra 20 e 30 cm.

Differenze rispetto alle specie affini: le specie più simili al merlano appartengono alla stessa famiglia dei Gadidi: il merluzzetto, *Trisoperus minutus capelanus*, che si differenzia per la presenza di un barbiglio più grande sulla mascella inferiore e per una maggiore altezza del corpo, e il potassolo, *Micromesistius poutassou*, che non possiede il barbiglio ed ha una maggiore distanza tra le tre pinne dorsali.

Habitat e distribuzione geografica: è presente in Atlantico orientale. In Mediterraneo è presente la sottospecie *M. merlangus euxinus*, abbondante soprattutto in Adriatico e mari adiacenti, nel Mar Nero e nell'Egeo. Nel Mediterraneo occidentale è invece molto raro.
Vive nella colonna d'acqua, in genere in prossimità del fondale, dalle acque costiere fino a circa 200 m di profondità, soprattutto su fondi fangosi, ma anche su sabbia e roccia.

Biologia ed ecologia: la specie è a sessi separati, con periodo riproduttivo nei primi mesi dell'anno. Le uova sono pelagiche. È carnivoro, si nutre di crostacei e pesci; questi ultimi rappresentano la componente maggiore nell'alimentazione negli esemplari più grandi.

Pesca: la specie viene catturata con lo strascico di fondo e pelagico, palamiti di fondo e reti da posta. Ha carni di gusto delicato. Viene commercializzato fresco, il suo valore commerciale è medio-basso. Di solito gli esemplari di più piccole dimensioni vengono scartati.

Classe: Osteichthyes
Ordine: Gadiformes
Famiglia: Gadidae

Nomi Regionali Italiani:

Toscana: pesce nudo; ***Liguria***: figaotto; ***Alto Adriatico***: molo, mormora, mormoro; ***Marche***: molo, busbana; ***Abruzzo***: verbana, sbana, arface, bbane; ***Puglia***: sapunara, goscl, lozze, pesce fica; ***Lazio***: figora; ***Campania***: merluzziello, pesce figa, fiche; ***Calabria***: pisci ficu; ***Sicilia***: pisci ficu, sapunedda, pisci fica, pisci ficu, sapuni, ficuzza; ***Sardegna***: pisci ficu.

Inglese: *Poor cod*
Francese: *Capelan*
Spagnolo: *Capellán*
Tedesco: *Zwergdorsch*

MERLUZZETTO

Trisopterus minutus capelanus
(Linneo, 1758)

Caratteristiche generali: corpo di forma ellittica, compresso lateralmente. Il muso è arrotondato, la bocca è grande, incisa verso il basso, munita di piccoli denti disposti su più file. Sotto al mento è presente un piccolo barbiglio. La prima pinna dorsale è corta; la seconda è divisa in due parti separate tra di loro da piccoli spazi. Anche la pinna anale è divisa in due parti. Le pinne pettorali sono piccole; quelle pelviche hanno i raggi esterni più sviluppati, filiformi. La pinna caudale è leggermente incisa al centro. Il corpo è di colore giallastro-brunastro sul dorso, mentre il ventre è biancastro. Può raggiungere una taglia massima di 20 cm, ma comunemente si catturano esemplari non più grandi di 12-13 cm (maschi) e 14-15 cm (femmine).

Differenze rispetto alle specie affini: il merluzzetto bruno, *T. luscus*, è molto simile al merluzzetto; tuttavia, ha una colorazione più scura. Inoltre, il barbiglio presente sotto al mento è molto più sviluppato di quello del merluzzetto. Il merluzzetto bruno è ritenuto molto raro nei mari italiani, mentre sarebbe presente in Adriatico. Altre specie affini, appartenenti all'ordine dei gadiformi, sono il nasello, il melù, la mostella di fondale, ecc.

Habitat e distribuzione geografica: è una specie necto-bentonica, che ha rapporti con il fondo soprattutto a fini trofici. Vive su fondali fangosi, da 50 a 300 m di profondità. È presente in Atlantico e Mediterraneo. È comune lungo tutte le coste italiane, ad eccezione dell' alto Adriatico.

Biologia ed ecologia: è una specie a sessi separati; si riproduce nel periodo tardo-invernale e primaverile. Si nutre principalmente di piccoli crostacei.

Pesca: si cattura quasi esclusivamente con reti a strascico di fondo. Il merluzzetto ha carni bianche, molto delicate, anche se viene apprezzato soprattutto come frittura. Gli esemplari più grandi (sopra i 12-13 cm di lunghezza) vengono venduti insieme a naselli, triglie di fango, rombi quattrocchi e linguattole, nella cosiddetta "frittura di paranza". Gli esemplari più piccoli sono la componente principale della "fritturella".

Classe: Osteichthyes
Ordine: Gadiformes
Famiglia: Gadidae

Nomi Regionali Italiani:

Toscana: mostella; ***Liguria***: mustella bianca; ***Alto Adriatico***: sorze, sorzo, mustia, figo; ***Marche***: galluccio; ***Abruzzo***: vulpette, hula putelle, vorpe; ***Puglia***: pesce muscio, moscl, 'nzorba, musciaredda: ***Lazio***: musdea, postema, zoccola; ***Campania***: zoccola 'e funnale, pesce fica, musdene; ***Calabria***: lupu di funnali, papotola; ***Sicilia***: basanu, mustina, mùstia, mustia de funnu, lupu di funnali; ***Sardegna***: mustia, figa masciu, musdea, musdella.

Inglese: *Greater forkbeard*
Francese: *Mostelle de fond*
Spagnolo: *Brótola de fango*
Tedesco: *Gabeldorsch*

MOSTELLA DI FONDALE

Phicis blennoides
(Brünnich, 1768)

Caratteristiche generali: corpo moderatamente allungato con presenza di un barbiglio sul mento. Le pinne ventrali, impiantate anteriormente, sono modificate in un filamento cilindrico, bifido all'estremità. Il terzo raggio della prima pinna dorsale è allungato. La colorazione del corpo è brunastra con bordatura nera delle pinne dorsali, anale e caudale. Misura mediamente 25-30 cm, ma può raggiungere anche i 50 cm.

Differenze rispetto alle specie affini: si differenzia dall'altra specie del genere, *Phycis phycis* (mostella di roccia), per una colorazione più tenue e per la lunghezza delle pinne ventrali modificate che oltrepassano l'origine della pinna anale.

Habitat e distribuzione geografica: è distribuita in tutto il Mediterraneo e nell'oceano Atlantico dalle coste dell'Islanda fino a Capo Bianco, nell'Africa occidentale. Vive in prossimità del fondale, su fondi sabbiosi e fangosi, prevalentemente tra 100 e 450 m; gli esemplari più grandi vivono a maggiori profondità, fino a 1000-1200 m.

Biologia ed ecologia: per i mari italiani è stato identificato un periodo riproduttivo che va dai mesi estivi fino al periodo tardo-autunno inverno. Si nutre in particolare di crostacei di piccole dimensioni che vivono a contatto col sedimento.

Pesca: lo sfruttamento di questa specie avviene quasi esclusivamente con lo strascico di fondo. Occasionalmente, esemplari più grandi sono catturati con il palamito di fondo e reti da posta di profondità. Il valore commerciale è generalmente basso, nonostante le buone qualità organolettiche delle carni. In alcune regioni italiane è abbastanza apprezzata.

Classe: Anguilliformes
Ordine: Muraenidae
Famiglia: Osteichthyes

Nomi Regionali Italiani:

Toscana: murena; ***Liguria***: muena, muenha; ***Alto Adriatico***: murena. morena; ***Marche***: murena; ***Abruzzo***: meraine, murene; ***Puglia***: murina, muéene; ***Lazio***: morena; ***Campania***: murena; ***Calabria***: murina; ***Sicilia***: murina; ***Sardegna***: murena, morena.

Inglese: *Mediterranean moray*
Francese: *Murène*
Spagnolo: *Morena*
Tedesco: *Mittelmeer-muräne*

MURENA

Muraena helena
(Linneo, 1758)

Caratteristiche generali: corpo allungato e serpentiforme. La testa è piccola con occhi piccoli e bocca molto grande, provvista di numerosi denti aguzzi, leggermente ricurvi all'indietro. L'apertura branchiale è ridotta ad un semplice foro. Sono assenti le pinne ventrali e pettorali. È priva di scaglie ed il corpo è ricoperto da una sostanza mucosa. Il colore è brunastro con notevoli variazioni in base all'ambiente in cui vive; molto spesso presenta macchie di colore giallastro che le conferiscono un aspetto marmorizzato. Può raggiungere il metro e mezzo di lunghezza totale.

Differenze rispetto alle specie affini: a differenza della murena, il grongo e l'anguilla presentano le pinne pettorali e la colorazione in queste due specie è nettamente più uniforme.

Habitat e distribuzione geografica: è una specie diffusa in Mediterraneo e nell'Atlantico orientale, dalle isole Britanniche al Senegal. È comune nel Tirreno e nello Ionio, è più rara in Adriatico. Vive sui fondi rocciosi, in fenditure e cavità della roccia, in acque costiere.

Biologia ed ecologia: è una specie solitaria con abitudini sedentarie e notturne; questo porta gli individui a rimanere rintanati nelle ore diurne e a cacciare durante la notte. Si ciba prevalentemente di pesci, cefalopodi e crostacei. Di solito sporge dalla tana solo in parte e tiene quasi sempre la bocca aperta. Il morso della murena è piuttosto doloroso poiché, pur mancando di ghiandole velenifere, il sangue contiene una particolare tossina, che può anche provocare effetti di una certa entità sull'uomo.

Pesca: si cattura con particolari palangari di fondo, reti da posta e nasse. Difficilmente viene catturata con le lenze, in quanto spesso riesce a tagliare il filo. Anche se può essere facilmente arpionata, non è molto semplice catturarla in quanto se trova un appiglio nella roccia riesce, con la parte posteriore del corpo, ad opporre una strenua resistenza che molte volte fa desistere il pescatore subacqueo. Ha carni bianche commestibili, di buon sapore, ma piuttosto spinose e grasse.

Classe: Osteichthyes
Ordine: Aulopiformes
Famiglia: Chlorophthalmidae

Nomi Regionali Italiani:

Toscana: occhione; ***Abruzzo***: fascista; ***Campania***: lacerta di funnu; ***Sicilia***: frig-giolu, lucetta, scammu i funni, figgiolu.

Inglese: *Green-eye*
Francese: *Éperlan du large*
Spagnolo: *Cloroftalmo*
Tedesco: *Grũnauge*

OCCHI VERDI

Chlorophthalmus agassizi
(Bonaparte, 1840)

Caratteristiche generali: specie di piccole dimensioni, con corpo allungato e leggermente compresso lateralmente. Il capo è piccolo con grandi occhi il cui diametro risulta più grande della lunghezza del muso. L'iride degli occhi è verde. La colorazione del corpo è giallo brunastra con macchie marroni oblique ai lati. Il ventre è punteggiato di nero. Può raggiungere la taglia massima di 21 cm di lunghezza totale.

Differenze rispetto alle specie affini. le specie più affini all'*occhi verdi* sono rappresentate dagli appartenenti alla famiglia Argentinidae (argentine), che si differenziano per l'inserzione più bassa delle pinne pettorali.

Habitat e distribuzione geografica: è una specie circumglobale delle regioni temperate e tropicali. Nell'Atlantico orientale è presente dalle coste della penisola Iberica fino al Senegal. È diffuso in tutto il bacino del Mediterraneo. Vive in prossimità del fondale tra 50 e più di 1000 m anche se è più comune tra 200 e 450 m.

Biologia ed ecologia: è una specie ermafrodita, che si riproduce nel periodo estivo. Le larve ed i giovani sono pelagici e si distribuiscono vicino alla superficie; gli adulti vivono generalmente in branchi nelle vicinanze del fondo. È una specie carnivora che si nutre di invertebrati, specialmente crostacei e cefalopodi.

Pesca: viene catturato quasi esclusivamente con reti a strascico di fondo. Vengono commercializzati gli esemplari più grandi, freschi. Pur essendo un ottimo pesce da frittura, è ancora poco conosciuto ed il valore commerciale è piuttosto basso.

Classe: Osteichthyes
Ordine: Perciformes
Famiglia: Sparidae

Nomi Regionali Italiani:

Toscana: occhiata; ***Liguria***: oggià, veggia, ogià; ***Alto Adriatico***: ociada, occhiata, albaro bastardo; ***Marche***: oblada, nechiata; ***Puglia***: occhiet, acchiate, occhiata; ***Lazio***: occhiata; ***Campania:*** occhiata, fiata, ajata, occhiata, occhiunera, jata, sperone; **Calabria:** biata; ***Sicilia***: ucchiata, ucchiatu, biata, ucchiata, biazzola (giovane), occhiati niuri, ucciata, occhiata; ***Sardegna***: orbata, orbara.

Inglese: *Saddled bream*
Francese: *Oblade*
Spagnolo: *Oblada*
Tedesco: *Brandbrasse*

OCCHIATA

Oblada melanura
(Linneo, 1758)

Caratteristiche generali: corpo allungato, ovale e poco compresso. L'occhio è grande e il muso corto. La mandibola è leggermente sporgente. Le pinne pettorali sono lunghe, mentre quella caudale è forcuta con lobi acuti. La colorazione è grigio argentea, con riflessi più scuri sul dorso e più chiari sui fianchi dove spicca la linea laterale. Sul peduncolo caudale si nota una macchia nera a forma di sella, bordata di bianco. Raggiunge 30 cm di lunghezza totale.

Differenze rispetto alle specie affini: le caratteristiche distintive di questa specie sono la linea laterale ben evidente, l'occhio grande e la macchia nera bordata di bianco sul peduncolo caudale. Questa specie si differenzia da tutti gli altri sparidi per questi particolari caratteri distintivi e quindi difficilmente può essere confusa.

Habitat e distribuzione geografica: è frequente sui fondali rocciosi e le praterie di posidonia, fino ad una profondità di circa 40 m. È distribuita in Atlantico orientale, dal Golfo di Guascogna all'Angola, in Mediterraneo; occasionalmente è stata rinvenuta nel Mar Nero.

Biologia ed ecologia: si riproduce in primavera e in estate. I sessi sono prevalentemente separati ma esistono anche individui ermafroditi. I piccoli di 10 mm sono già riconoscibili per la macchia nera sul peduncolo caudale. La maturità sessuale viene raggiunta tra il secondo e il terzo anno di vita. È una specie onnivora, che predilige i piccoli invertebrati.

Pesca: viene pescata con nasse, lenze, reti da posta e sciabica da spiaggia. La cattura con reti a strascico è accidentale. In Liguria, esistono alcune marinerie che effettuano una pesca mirata all'occhiata tramite cianciolo, nei mesi in cui questo attrezzo non viene utilizzato per la pesca delle acciughe. Inoltre, nei mesi primaverili e nelle ore notturne può essere pescata con particolari reti derivanti chiamate barracuda. Ha carni di buon sapore ma non apprezzate allo stesso modo nelle regioni italiane (molto nel Meridione).

Classe: Osteichthyes
Ordine: Perciformes
Famiglia: Scombridae

Nomi Regionali Italiani:

Toscana: palamita; ***Liguria***: paamie, papamia, palamita; ***Alto Adriatico***: palamida; ***Marche***: palamita; ***Abruzzo***: palamita; ***Puglia***: palamita, palameit, palamitu, palametiedde, palamito; ***Lazio***: palamita; ***Campania***: palammete, palammete cuvarita; ***Calabria***: palamitu, tunnacchiu, palamito, palamida; ***Sicilia***: palamitu, palamidu, palamita; ***Sardegna***: palamida, paramira.

Inglese: *Atlantic bonito, Pelamid*
Francese: *Pelamide sarde, Bonite commune*
Spagnolo: *Bonito, Sarda*
Tedesco: *Pelamide, Bonito*

PALAMITA

Sarda sarda
(Bloch, 1793)

Caratteristiche generali: corpo allungato e fusiforme; bocca ampia e munita di denti appuntiti e ricurvi all'indietro. Occhi piccoli. La coda è grande, con lobi appuntiti. Il colore del dorso è blu scuro, a volte nerastro; i fianchi e il ventre sono argentati con riflessi verdastri o azzurrastri; è caratterizzata da 7-9 linee nerastre sul dorso che decorrono obliquamente in avanti. Gli esemplari possono arrivare a 80 cm di lunghezza totale e oltrepassare 10 kg di peso.

Differenze rispetto alle specie affini: può essere confusa con il tonnetto, *Auxis rochei*, che però è generalmente di taglia inferiore e presenta 15 bande verticali scure sui fianchi, sopra la linea laterale. Anche lo sgombro, *Scomber scombrus*, può essere confuso con la palamita, ma anche questo ha una taglia media inferiore e possiede numerose bande nerastre e sinuose sul dorso.

Habitat e distribuzione geografica: è presente nelle acque tropicali e temperate dell'Atlantico; occasionalmente anche presso le isole britanniche e scandinave. Molto frequente nel Mediterraneo, è comune lungo tutte le coste italiane. Vive nella colonna d'acqua, preferibilmente in acque costiere.

Biologia ed ecologia: è una specie gregaria e predatrice che insidia branchi di acciughe, sardine, cefali e aguglie. Effettua importanti migrazioni e forma grandi banchi vicino alla superficie. Nel Mediterraneo il periodo riproduttivo corrisponde alla primavera e inizio estate.

Pesca: l'animale è pescato sia da professionisti che da non professionisti. Si cattura con reti da posta denominate "palamitare", con reti a strascico e con lenze sia di superficie che di fondo innescate con esche vive o artificiali. Le sue carni sono molto buone, ma non sono apprezzate allo stesso modo in tutte le regioni italiane.

Classe: Osteichthyes
Ordine: Scorpaeniformes
Famiglia: Peristediidae

Nomi Regionali Italiani:

Toscana: forcone; ***Liguria***: pescio forca, furchetta; ***Alto Adriatico***: anzoleto de la Madonna, confessore; ***Abruzzo***: pesce cornuto; ***Puglia***: tuca, tuneca, pesce cornute; ***Campania***: furcale; ***Sicilia***: pisci fucca, furcata, cocciu cornutu, raspa rogna, pisci trafinu; ***Sardegna***: pisci corrudu.

Inglese: *Armed gurnard*
Francese: *Malarmat*
Spagnolo: *Armado*
Tedesco: *Panzerfisch*

PESCE FORCA O CORNUTO

Peristedion cataphractum
(Linneo, 1758)

Caratteristiche generali: corpo affusolato, di sezione ottagonale, interamente ricoperto da quattro file di scaglie ossificate, carenate e armate di una robusta spina. Testa grande, prolungata in un rostro appiattito munito lateralmente di due espansioni delle ossa preorbitali. Bocca in posizione ventrale. Le due pinne dorsali sono unite, le pettorali hanno i primi due raggi digitiformi e separati dagli altri raggi. La colorazione è rossastra dorsalmente; il ventre è biancastro.
Può raggiungere 40 cm di lunghezza totale, ma è più comune tra 15 e 20 cm di taglia.

Differenze rispetto alle specie affini: difficilmente può essere confusa con altre specie; il gruppo più affine al pesce forca è rappresentato dalla famiglia dei triglidi, rappresentati dalle cosiddette "gallinelle".

Habitat e distribuzione geografica: il pesce forca è una specie tipicamente bentonica, che vive su fondali sabbiosi e fangosi da 50 a 800 m di profondità. È comune in tutto il Mediterraneo e lungo le coste orientali dell'Atlantico. È diffusa ed abbondante lungo tutte le coste della penisola, ad eccezione dell'Adriatico settentrionale.

Biologia ed ecologia: si nutre principalmente di invertebrati bentonici, che individua utilizzando i raggi digitiformi delle pinne pettorali. È una specie a sessi separati; si riproduce in primavera.

Pesca: il pesce forca viene pescato principalmente con reti a strascico di fondo. L'importanza commerciale è limitata: pesce di carni commestibili, ma poco ricercate, viene venduto insieme alle specie di "terza" categoria commerciale. È un tipico pesce da zuppa, gli esemplari più grandi vengono consumati cotti alla griglia o al forno.

Classe: Osteichthyes
Ordine: Beryciformes
Famiglia: Trachichthydae

Nomi Regionali Italiani:

Toscana: pesce specchio; ***Puglia***: pisce argiento; ***Sicilia***: pisci rilogiu, pisci jaddu, mupo 'mperiali.

Inglese: *Rosy soldierfish*
Francese: *Poisson-montre*
Spagnolo: *Reloj*
Tedesco: *Mittlemeer-Kaiserbarsch*

PESCE OROLOGIO O SPECCHIO

Hoplostetus mediterraneus
(Cuvier e Valenciennes, 1829)

Caratteristiche generali: corpo ovale, schiacciato lateralmente. La testa è molto grande, il profilo del muso è quasi verticale. La bocca è grande e profondamente incisa verso il basso. Anche gli occhi sono molto sviluppati e sono ricoperti da una membrana trasparente, che ricorda il vetro di un orologio, tanto è vero che in molte parti d'Italia *H. mediterraneus* è noto come pesce orologio. La pinna dorsale è unica; le pinne pettorali e le pinne pelviche sono molto sviluppate. La pinna caudale è formata da due lobi, separati da uno spazio privo di raggi.
Il colore del corpo è argentato, con riflessi azzurro-rossastri; le pinne sono rossastre. Può raggiungere una lunghezza massima di circa 30 cm.

Differenze rispetto alle specie affini: in Mediterraneo non esistono specie affini al pesce specchio; in Atlantico è presente, per esempio, il pesce specchio atlantico, *H. atlanticus*, molto simile a *H. mediterraneus*, ma che raggiunge dimensioni maggiori ed ha una olorazione più aranciata.

Habitat e distribuzione geografica: è una specie tipica della colonna d'acqua, che vive a elevate profondità, oltre 400 m, al di sopra di fondali fangosi o in prossimità di asperità del fondale. È una specie cosmopolita, presente sia nell'Atlantico che nel Pacifico; in Mediterraneo è comune. Lungo le coste italiane si ritrova principalmente nel Tirreno, nei mari della Sicilia e nello Ionio.

Biologia ed ecologia: è una specie a sessi separati; maschi e femmine raggiungono la maturità sessuale a circa 15 cm di lunghezza. Si riproduce in estate. È una specie piuttosto longeva, potendo raggiungere i 12-13 anni di vita. Si nutre principalmente di crostacei.

Pesca: il pesce specchio si cattura esclusivamente con reti a strascico di fondo. Le carni sono commestibili, ma poco apprezzate perché particolarmente spinose.

Classe: Osteichthyes
Ordine: Perciformes
Famiglia: Trichiuridae

Nomi Regionali Italiani:

Toscana: pesce sciabola; ***Liguria***: pesce argentin; ***Alto Adriatico***: arzentin; ***Marche***: lama d'argento; ***Puglia***: curiscia, argentina, pisci d'ariento, pisci sciabola; ***Campania***: pesce bannera; ***Calabria***: spatula; ***Sicilia***: spatula, spadula; ***Sardegna***: pisci lama, pisci d'argientu.

Inglese: *Scabbardfish*
Francese: *Sabre argenté*
Spagnolo: *Pez cinto*
Tedesco: *Degenfisch*

PESCE SCIABOLA

Lepidopus caudatus
(EUPHRASEN, 1788)

Caratteristiche generali: corpo estremamente allungato e compresso lateralmente, nastriforme. La bocca è molto grande ed è munita di grossi denti acuminati, disposti su un'unica fila; la mascella inferiore è sporgente rispetto alla superiore, che è incurvata. Gli occhi sono grandi. La pinna dorsale è unica e corre praticamente per l'intera lunghezza del corpo, fino al peduncolo caudale. Le altre pinne sono piuttosto ridotte. La pinna caudale è formata da due lobi appuntiti. Il colore del corpo è argentato. Può raggiungere i 2 m di lunghezza.

Differenze rispetto alle specie affini: in Mediterraneo non sono presenti specie affini al pesce sciabola. Specie simili per l'aspetto esterno potrebbero essere il pesce nastro, *Trachypterus trachypterus*, ed il pesce falce, *Zu cristatus*. Queste due specie hanno corpo più allargato dorso-ventralmente; inoltre, hanno le pinne di colore rossastro.

Habitat e distribuzione geografica: vive a profondità elevate, oltre i 100 m. Vive nella colonna d'acqua ed ha scarsi rapporti con il fondale. Compie delle migrazioni verticali, spostandosi in acque meno profonde durante le ore notturne. I giovani (fino a 50 cm di lunghezza) sono più comuni tra 100 e 200 m di profondità; gli adulti sono presenti a profondità superiori. È una specie cosmopolita; è comune nel Mediterraneo occidentale. Nei mari italiani è comune nel Tirreno, nei mari della Sicilia e nello Ionio.

Biologia ed ecologia: è un predatore estremamente vorace, che si nutre principalmente di altri pesci e di cefalopodi. È una specie a sessi separati. Nei mari italiani si riproduce in estate.

Pesca: il pesce sciabola si cattura principalmente con reti a strascico di fondo, ma anche con reti da posta e con palamiti di fondale, utilizzati per la pesca della cernia di fondale, *Polyprion americanus*, e del pagello o manfrone, *Pagellus bogaraveo*. Le carni del pesce sciabola sono buone e molto delicate ed apprezzate particolarmente nel meridione d'Italia.

Classe: Osteichthyes
Ordine: Zeiformes
Famiglia: Caproidae

Nomi Regionali Italiani:

Toscana: soffietto; ***Liguria***: trombetta larga, suffietto largo; ***Puglia***: fucilieri, stivali riondo; ***Campania***: guarracino d'ammontatura; ***Sicilia***: trumbina, pisci tariolu, tariolu, pisci tammuru.

Inglese: *Boarfish*
Francese: *Sanglier*
Spagnolo: *Ochavo*
Tedesco: *Eberfisch*

PESCE TAMBURO

Capros aper
(Linneo, 1758)

Caratteristiche generali: corpo alto e molto schiacciato, quasi a formare un disco. Gli occhi sono molto grandi e rotondi e la bocca è protrattile e tubuliforme. Le pinne pettorali sono arrotondate, la pinna dorsale è unica e formata nella parte anteriore da raggi spinosi più alti di quelli presenti nella parte posteriore. Il corpo è rosso rosato nelle femmine, mentre nei maschi si può vedere una fascia trasversale più scura. È un pesce piccolo che raramente supera 15 cm di lunghezza totale.

Differenze rispetto alle specie affini: questa specie è difficilmente confondibile con le altre, soprattutto per le dimensioni e la forma del corpo.

Habitat e distribuzione geografica: vive nella colonna d'acqua, spesso in prossimità del fondale. Il pesce tamburo ha distribuzione molto ampia che va dalla Norvegia al Senegal in Atlantico; è molto frequente in tutto il Mediterraneo. È una specie gregaria che forma gruppi molto numerosi e che vive anche ad elevate profondità sia su fondali rocciosi che fangosi. I giovani si distribuiscono in vicinanza delle coste a basse profondità.

Biologia ed ecologia: si riproduce dalla primavera all'estate. Si nutre di crostacei, policheti e molluschi.

Pesca: si cattura in abbondanza con le reti a strascico. Ha carni commestibili ma di scarsissima importanza commerciale. Gli esemplari di maggiori dimensioni in alcune marinerie vengono commercializzati insieme alla "minutaglia".

Classe: Cephalopoda
Ordine: Octopodida
Famiglia: Octopodidae

Nomi Regionali Italiani:

Toscana: polpessa di fondo, stringa; ***altre regioni***: nomi generici e non rilevati, da "polpessa di fondo" a "strega".

Inglese: *Spider octopus*
Francese: *Polpe de saluzzi*
Spagnolo: *Pulpo araña*

POLPO STRINGA

Octopus salutii
VÉRANY, 1839

Caratteristiche generali: mantello piccolo piriforme di consistenza molle. Braccia lunghe con due file di ventose, di dimensioni simili, eccetto quelle dorsali che sono leggermente più corte. Nel maschio il braccio destro del terzo paio possiede l'ectocotile, la struttura deputata al trasferimento delle spermatofore nella cavità del mantello della femmina. La colorazione è giallastra con sfumature arancio e marrone; il mantello, nella parte dorsale, è coperto da piccole verruche.
La taglia massima (lunghezza del mantello) è di circa 13 cm per le femmine e di 11 cm per i maschi.

Differenze rispetto alle specie affini: la specie più affine è il polpo di scoglio, *Octopus vulgaris*, che si distingue essenzialmente dal polpo stringa per il mantello robusto e muscoloso, le braccia robuste e per avere le braccia laterali più lunghe di quelle ventrali.

Habitat e distribuzione geografica: è presente in tutto il Mediterraneo, ma anche nell'Atlantico orientale. È una specie bentonica; vive sui fondali fangosi, si trova con maggiore frequenza tra 100 e 600 m di profondità.

Biologia ed ecologia: esistono poche informazioni sulla biologia di questa specie. Il periodo di riproduzione si estende dalla primavera all'estate.

Pesca: si pesca essenzialmente con le reti a strascico. È una cattura accessoria nella pesca mirata a scampi e gamberi rossi. Il suo valore commerciale è molto basso, per cui gli organismi pescati, nella maggior parte dei casi, vengono scartati. La carne è molto dura e resistente, ciò che dissuade da un uso alimentare generale. Solo in alcune località viene commercializzato.

Classe: Osteichthyes
Ordine: Pleuronectiformes
Famiglia: Scophthalmidae

Nomi Regionali Italiani:

Toscana: soacia; ***Liguria***: petrale; ***Alto Adriatico***, ***Marche***, ***Abruzzo***, ***Lazio***: suacia francese; ***Campania***: suace; ***Sicilia***: panta di funnali, panta, panta i funnu.

Inglese: *Four-spotted megrim*
Francese: *Cardine à quatre taches*
Spagnolo: *Gallo*
Tedesco: *Vierfleckbutt*

ROMBO QUATTROCCHI

Lepidorhombus boscii
(Risso, 1810)

Caratteristiche generali: corpo ovale, leggermente allungato; è compresso lateralmente. La bocca è grande, con la mascella inferiore leggermente sporgente; è munita di denti piccoli, appuntiti e ricurvi all'indietro. Gli occhi sono grandi. La pinna dorsale e quella anale sono molto sviluppate e corrono fino al peduncolo caudale.
Il colore del corpo è traslucido, cinereo. Sulla parte posteriore della pinna dorsale e di quella anale sono presenti due paia di macchie oculari, di colore nero: da qui il nome di rombo quattrocchi.
Può raggiungere i 30 cm di lunghezza.

Differenze rispetto alle specie affini: è facilmente riconoscibile dalle specie affini grazie alla presenza delle quattro macchie oculari. Specie simili sono il rombo giallo, *L. whiffiagonis*, caratterizzato da una colorazione più scura e la linguattola e la suacia, per le cui descrizioni si rimanda alle rispettive schede.

Habitat e distribuzione geografica: il rombo quattrocchi vive su fondali sabbiosi e fangosi; ha una distribuzione batimetrica piuttosto ampia, essendo presente da 50 m fino a oltre 500 m di profondità. È presente in Atlantico e in Mediterraneo. È piuttosto comune lungo tutte le coste italiane, ad eccezione dell'Adriatico.

Biologia ed ecologia: è una specie a sessi separati. È possibile distinguere il sesso osservando un esemplare controluce, per via dell'aspetto traslucido del corpo: l'ovario ha una forma allungata, lievemente falcata, che è facilmente distinguibile ad occhio nudo, al contrario della gonade maschile (testicolo). La riproduzione ha luogo nel periodo tardoprimaverile ed estivo. Si nutre di crostacei, molluschi ed altri piccoli organismi bentonici.

Pesca: viene catturato essenzialmente con reti a strascico di fondo, ma anche con reti da posta. L'importanza commerciale è relativamente elevata: viene venduto ed apprezzato soprattutto per la preparazione della cosiddetta "frittura di paranza".

Classe: Osteichthyes
Ordine: Perciformes
Famiglia: Sparidae

Nomi Regionali Italiani:

Toscana: sarpa; ***Liguria***: sarpa; ***Alto Adriatico***: salpa; ***Marche***: salpa, sciarpa; ***Abruzzo***: bobba; ***Puglia***: salp, sarpa, muscatedda (giovane), salpa, sarpetedda (giovane); ***Lazio***: sarpa; ***Campania***: sarpa, salpa; ***Calabria***: sarpa; ***Sicilia***: sarpa, sappa, sappotta, manciaracìna (mangiauva); ***Sardegna***: sarpa, salpa.

Inglese: *Saupe, Goldline, Salema*
Francese: *Saupe*
Spagnolo: *Salpa, Salema*
Tedesco: *Goldstrieme*

SALPA

Sarpa salpa
(LINNEO, 1758)

Caratteristiche generali: corpo ovale, oblungo e compresso lateralmente. Il capo è piccolo. La bocca è piccola e terminale, con labbra carnose. La pinna dorsale e quella anale non sono molto alte. La colorazione è grigio-bluastra con 10-12 caratteristiche strisce longitudinali dorate; il capo è più scuro mentre il ventre è più chiaro. Alla base delle pettorali è visibile una piccola macchia nera. Le pinne sono grigiastre. L'occhio è giallo. Può raggiungere 45 cm di lunghezza totale e i tre chili di peso.

Differenze rispetto alle specie affini: può essere confusa con la boga, *Boops boops*, dalla quale però si differenzia per la forma del corpo più alto e ovale e per le maggiori dimensioni.

Habitat e distribuzione geografica: è presente in Mediterraneo, parte del Mar Nero e Atlantico orientale, dal Golfo di Biscaglia all'Africa Meridionale. Vive su fondali rocciosi o sabbioso-fangosi, ricoperti di alghe e di praterie di Posidonia, nelle acque costiere.

Biologia ed ecologia: è una specie tipicamente litoranea e gregaria, che si muove in branchi in cui i membri tendono a restare piuttosto vicini tra loro e a muoversi in maniera ordinata. L'alimentazione degli adulti è strettamente erbivora costituita da alghe e da fanerogame marine, mentre quella dei giovani è onnivora.

Pesca: la salpa viene pescata durante tutto l'anno, ma specialmente in primavera e in estate, con lenze, nasse, reti da posta ed anche reti a strascico. Le carni sono piuttosto stoppose e di scarso pregio, ma sono abbastanza apprezzate in alcune località. Su alcuni mercati viene spacciata per orata, ricciola e talvolta sarago. È buona regola eviscerare questo pesce, non appena pescato, poiché il contenuto stomacale entra facilmente in fermentazione, conferendo alle carni un odore sgradevole.

Classe: Osteichthyes
Ordine: Clupeiformes
Famiglia: Clupeidae

Nomi Regionali Italiani:

Toscana: sardina; ***Liguria:*** sardena, gianchetto, sardenna, sardina, paasetta (giovane), parasina, putina (giovane), gianchetu vestiu (giovane); ***Alto Adriatico***: sardela, palassiola, renga, renghetta; ***Marche***: sardella, saraghina; ***Abruzzo***: sardella de scaia; ***Puglia***: sard, sarachidd, sarda, faloppe; ***Lazio***: sarda, melelle (giovane); ***Campania***: sarda, saracca, sardella, cicinelli jaculilli (giovane), sardona, pesantone, saraca; ***Calabria***: sarda, sardedda, sardeja; ***Sicilia***: sadda, sadduzza (giovane), majatica o nunnata (larve), sarda, sarda fimminedda, sarda 'mperiali; ***Sardegna***: saldiona, sardina.

Inglese: *Sardine*
Francese: *Sardine*
Spagnolo: *Sardina*
Tedesco: *Sardine*

SARDINA

Sardina pilchardus
(Walbaum, 1792)

Caratteristiche generali: ha corpo allungato, più o meno cilindrico in sezione trasversale. La bocca è piccola, posta all'estremità anteriore del muso; il labbro inferiore è leggermente prominente rispetto al superiore. L'opercolo branchiale è striato. Le pinne pelviche sono situate posteriormente rispetto all'origine della pinna dorsale. La colorazione del dorso è verde-azzurrastra; il ventre è liscio, sprovvisto di scaglie, ed ha una colorazione argentata.
In Mediterraneo, può raggiungere i 20 cm di lunghezza, ma è più comune tra 10 e 15 cm di taglia.

Differenze rispetto alle specie affini: la sardinella, *Sardinella aurita*, ha corpo più schiacciato lateralmente rispetto alla sardina. L'opercolo ha una sola stria radiale. Lungo i fianchi presenta una linea dorata. Lo spratto, *Sprattus sprattus*, molto comune in Adriatico, non presenta strie radiali sull'opercolo; l'origine delle pinne pelviche è anteriore rispetto alla pinna dorsale.

Habitat e distribuzione geografica: è presente nell'Atlantico orientale e in tutto il bacino Mediterraneo. Vive nella colonna d'acqua, in grossi banchi. Frequenta le acque costiere, soprattutto nel periodo primaverile-estivo; è comune fino a 50 m di profondità. Durante il periodo invernale si sposta in acque più profonde. È molto comune lungo le nostre coste.

Biologia ed ecologia: si nutre principalmente di crostacei planctonici. È una specie a sessi separati; si riproduce durante il periodo autunnale-invernale. Una femmina produce fino a 100.000 uova.

Pesca: la cattura avviene attraverso diversi sistemi di pesca, ma principalmente con reti a circuizione. Si pesca durante la notte con la tecnica della lampara, attraendo i banchi con delle fonti luminose. Rappresenta anche una cattura accessoria della pesca con reti a strascico di fondo. Le catture sono molto abbondanti. L'importanza commerciale era un tempo notevole; adesso la sua importanza è limitata e spesso una grossa frazione delle catture viene scartata. Carni molto buone. La sardina è comunque presente ovunque sui nostri mercati. La si può consumare fresca, oppure conservarla sotto sale o sott'olio.

Classe: Osteichthyes
Ordine: Perciformes
Famiglia: Serranidae

Nomi Regionali Italiani:

Toscana: boccaccia; ***Liguria***: luxerna, vacca, barchetta; ***Alto Adriatico***: sperga, donzela; ***Marche***: sperga, cranicetto; ***Puglia***: perchie, cannula, perchia, fannu, cagnusu, canna, nfannu, ganala, cannusu, sciannu; ***Lazio***: perchia; Campania: perchia, cagnia, cannufi; ***Calabria***: buddaci, vuddaci, guddaci, serranu; ***Sicilia***: precchia, pisu, boraggia, precchia di mari, sirena, preccia, sirrania; ***Sardegna***: vaccas, vacca.

Inglese: *Painted comber*
Francese: *Serran écriture*
Spagnolo: *Serrano*
Tedesco: *Schriftbarsch*

SCIARRANO

Serranus scriba
(LINNEO, 1758)

Caratteristiche generali: lo sciarrano presenta il corpo allungato e leggermente compresso. La coda è grossa e la bocca è ben sviluppata, con la mandibola più grande della mascella. Il preopercolo è seghettato, mentre l'opercolo è munito di tre spine. La colorazione del dorso è rosso-brunastro, mentre quella del ventre è grigio-violacea. Sui fianchi sono presenti da 5 a 6 bande verticali scure. Ai lati del capo sono presenti delle piccole linee azzurre sottili e sinuose, che ricordano la scrittura araba (da qui il nome della specie). Una banda longitudinale scura attraversa l'occhio. La colorazione è soggetta a cambiamenti, ma sono sempre presenti le caratteristiche bande azzurre sul capo. Raramente supera 25 cm di lunghezza totale.

Differenze rispetto alle specie affini: questa specie può essere confusa con le altre 2 specie di *Serranus* presenti nei nostri mari, *S. cabrilla* e *S. hepatus*, anche se ci sono notevoli differenze nella livrea assunta da ogni specie.

Habitat e distribuzione geografica: *S. scriba* ha un'ampia distribuzione geografica, ritrovandosi in Mar Nero, Atlantico dal Golfo di Guascogna al Senegal, Azzorre e Sud Africa. È molto comune in Mediterraneo e soprattutto nei mari italiani. È una specie costiera e sedentaria che vive su fondali rocciosi, fangosi e sulle praterie di *Posidonia oceanica*.

Biologia ed ecologia: lo sciarrano è una specie solitaria che difende il suo territorio dalle specie congeneri. A differenza degli altri serranidi che sono specie molto curiose, *S. scriba* è molto diffidente. La riproduzione avviene da maggio a settembre con un picco in luglio-agosto, ed è preceduta da danze nuziali e rituali di accoppiamento molto complesse. È un vorace predatore, la cui dieta è composta fondamentalmente da crostacei e piccoli pesci.

Pesca: la pesca dello sciarrano è svolta con tramagli, reti da posta, lenze palangari e sciabiche. Ha uno scarso valore commerciale, anche se è molto frequente nelle zuppe di pesce (ha buone carni).

Classe: Osteichthyes
Ordine: Perciformes
Famiglia: Scorpaenidae

Nomi Regionali Italiani:

Toscana: scorfano bastardo; ***Liguria***: scarpenin de fondo, scurpenin, curdane, badasso; ***Alto Adriatico***: scarpena; ***Puglia***: scorfunu de funno; ***Campania*****:** Scorfano 'e funnale, capa arze; ***Sicilia***: chicchiriddì, occhibeddi, scrofanu impiriali, cipudda 'i funnu.

Inglese: *Blue-mouth*
Francese: *Subaste-chèvre*
Spagnolo: *Gallineta*
Tedesco: *Blaumaul*

SCORFANO DI FONDALE

Helicolenus dactylopterus
(Delaroche, 1809)

Caratteristiche generali: pesce di medie dimensioni, con testa massiccia e priva di appendici cutanee. Sono presenti spine opercolari ben sviluppate. La colorazione è rosea-rossastra, con bande verticali più scure e macchie bruno-rossastre presenti sul capo e le pinne. Sulla pinna dorsale è presente una macchia nera. La cavità boccale, l'interno delle branchie ed il peritoneo sono neri.
La taglia massima è intorno a 35 cm anche se più comune da 15 a 25 cm.

Differenze rispetto alle specie affini: presenta una morfologia molto simile a quelle delle altre specie della famiglia scorpenidi. Le maggiori differenze sono la forma della pinna pettorale con raggi liberi nella parte inferiore e le spine cefaliche poco sviluppate nello scorfano di fondale.

Habitat e distribuzione geografica: è presente in tutto il bacino mediterraneo e in Atlantico, dalla Norvegia al Marocco, nelle isole Azzorre e Canarie. Vive sui fondali della piattaforma continentale ma soprattutto su quelli della scarpata e del piano batiale, a partire da circa 100 m sino a circa 1000 m di profondità. I giovani si concentrano tra 100 e 300 m di profondità.

Biologia ed ecologia: lo scorfano di fondale si riproduce in autunno-inverno. Si nutre prevalentemente di invertebrati bentonici, soprattutto di crostacei; prede occasionali sono rappresentate da echinodermi, crostacei pelagici, molluschi e piccoli pesci.

Pesca: *H. dactylopterus* rappresenta tra i pesci batiali una discreta frazione del pescato commerciale nel Mediterraneo, soprattutto di quello delle reti a strascico. Vengono commercializzati solo gli esemplari di maggiori dimensioni, che comunque hanno un valore commerciale piuttosto basso.

Classe: Osteichthyes
Ordine: Perciformes
Famiglia: Sparidae

Nomi Regionali Italiani:

Toscana: sparlotto; **Liguria**: sparlo, saragu, saagu; ***Alto Adriatico***: sparo, spareto; ***Marche***: sparo, sbaro, carlini; ***Abruzzo***: carlini, sbarre; ***Puglia***: sparinole, sarjce, spariolu, sbarroni, sparraune, sparagghiuni; ***Lazio***: saraghetto, sparajone; ***Campania***: sparaglione, sparitiello; ***Calabria***: spagliuni, sparagghiuni, pupazzu, saracu; ***Sicilia***: spareddu, sparagghiuni, aspareddu; ***Sardegna***: saragu, isparedda, sparaglione.

Inglese: *Annular seabream;*
Francese: *Sparaillon commun*
Spagnolo: *Raspallón*
Tedesco: *Ringelbrasse*

SPARAGLIONE O SPARLOTTO

Diplodus annularis Rafinesque
(LINNEO, 1810)

Caratteristiche generali: è il più piccolo sparide del Mediterraneo. Il corpo è ovale e compresso. Le pinne pettorali sono lunghe all'incirca quanto il capo, le ventrali sono molto più brevi. La colorazione è grigio giallastra , spesso con accenno a 5 fasce verticali bruno chiare. Caratteristiche peculiari della specie sono le dimensioni ridotte rispetto alle altre specie dello stesso genere e la presenza della macchia nera sul peduncolo caudale. La taglia massima è di circa 24 cm di lunghezza totale, anche se è più comune tra 8 e 18 cm.

Differenze rispetto alle specie affini: specie affini sono gli altri rappresentanti della famiglia sparidi. Anche il sarago maggiore, *D. sargus*, ha la macchia nera sul peduncolo caudale, ma possiede numerose strie longitudinali scure sui fianchi che lo rendono più simile al sarago pizzuto, *D. puntazzo*, che però ha come caratteristica fondamentale la forma del muso appuntita con una bocca molto piccola. Il sarago comune invece, *D. vulgaris*, oltre alla macchia nera sul peduncolo caudale, ha una sola banda scura subito dietro la testa. L'orata, *Sparus auratus*, è inconfondibile per la sua macchia nera a livello dell'opercolo e la banda dorata tra gli occhi.

Habitat e distribuzione geografica: il sarago sparaglione vive nelle acque della fascia costiera. E' diffuso in tutto il mediterraneo, molto comune nei mari italiani, vive in piccoli branchi, su fondali sabbiosi, sulle praterie di *Posidonia oceanica* e anche se con minor frequenza, in habitat rocciosi. Può penetrare nelle acque salmastre ed è frequente anche nelle acque inquinate dei porti.

Biologia ed ecologia: è una specie ermafrodita: di solito gli esemplari più piccoli sono maschi. Si riproduce tra aprile e giugno. Si alimenta in prevalenza di organismi attaccati al substrato.

Pesca: la cattura di questa specie avviene attraverso diversi sistemi di pesca: strascico di fondo, reti da posta e sciabica. L'importanza commerciale è limitata (è un pesce da "zuppa) e ristretta agli esemplari più grandi, mentre i più piccoli vengono solitamente scartati.

Classe: Osteichthyes
Ordine: Perciformes
Famiglia: Carangidae

Nomi Regionali Italiani:

Toscana: sugarello; ***Liguria***: suelo, soello; ***Alto Adriatico***: sughero; ***Lazio***: sughe-rello; ***Sicilia***: sauru jancu, sauru ucchiutu; ***Sardegna***: surellu.

(Nota: in molte località il nome usato è in comune con quello del suro, trachurus trachurus, con il quale ha affinità a prima vista).

Inglese: *Mediterranean horse mackerel*
Francese: *Saurel*
Spagnolo: *Jurel Mediterráneo*
Tedesco: *Middlelhavs-hestemakrel*

SUGARELLO MAGGIORE

Trachurus mediterraneus
(Steindachner, 1868)

Caratteristiche generali: corpo allungato e fusiforme, abbastanza compresso lateralmente, bocca grande. Le mandibole arrivano a raggiungere la parte mediana dell'occhio. La linea laterale è caratteristica per il genere *Trachurus*: ha un anadamanto ondulato ed è caratterizzata da circa 80 scudetti ossei. La prima pinna dorsale è preceduta da una spina.
La parte superiore del corpo e la testa sono grigio-verdastre, mentre i fianchi ed il ventre sono argentati. È presente una piccola macchia nera nella parte superiore dell'opercolo.
La taglia abituale è di circa 30 cm, anche se la specie può arrivare a 50 cm di lunghezza totale.

Differenze rispetto alle specie affini: il sugarello maggiore si distingue dal sugarello, *Trachurus trachurus*, e dal suggello pittato, *Trachurus picturatus*, essenzialmente per le caratteristiche della linea laterale (l'altezza degli scudetti posteriori è minore del diametro oculare). Anche la macchia nera sull'opercolo è un carattere distintivo.

Habitat e distribuzione geografica: vive nella colonna d'acqua. Il sugarello maggiore è la specie del genere *Trachurus* che predilige le acque più costiere; si trova essenzialmente entro 100 m di profondità. È una specie molto comune lungo le nostre coste. È presente nell'Atlantico orientale e in tutto il bacino Mediterraneo.

Biologia ed ecologia: è una specie carnivora e si nutre prevalentemente di piccoli crostacei planctonici. La stagione riproduttiva si concentra in estate.

Pesca: la cattura avviene con reti a circuizione, reti a strascico, reti da posta e palangari. Spesso le catture sono molto abbondanti. Nonostante le buone qualità organolettiche, il valore commerciale è piuttosto limitato. Solo gli esemplari più grandi vengono commercializzati.

CLASSE: Elasmobranchii
ORDINE: Torpediniformes
FAMIGLIA: Torpedinidae

NOMI REGIONALI ITALIANI:

Toscana: torpedine, strompigliola, trompigliola; ***Liguria***: tremoja, tremoixe, tremulina, durmigiusa; ***Alto Adriatico***: tremolo ocià, tremolo, crampo; ***Marche***: tremolo; ***Abruzzo***: trimmola; ***Puglia***: triemele, tremula; ***Lazio***: tremola, trippina; ***Campania***: tremula o tremmula occhiuta, tremola, tremmula liscia; ***Calabria***: tremula ucchiuta, arcisa; ***Sicilia***: tremula, tremula occhiuta, ***Sardegna***: tremulosa.

Inglese: *Eyed electric ray*
Francese: *Torpille ocellée*
Spagnolo: *Tremielga*
Tedesco: *Augenzitterrochen*

TORPEDINE

Torpedo torpedo
(LINNEO, 1758)

Caratteristiche generali: corpo discoidale, schiacciato dorso-ventralmente. Occhi piccoli e vicini tra loro; dietro ad essi ci sono i due spiracoli, piuttosto grandi. La coda è breve, robusta e carnosa, con all'estremità una pinna ampia. Le pinne dorsali sono due. La bocca è posta centralmente ed è munita di piccoli denti appuntiti. Il colore del dorso è nocciola, con 5 ocelli azzurro-scuro, bordati di nero; in alcuni casi, il numero degli ocelli può variare. Il ventre è biancastro. Può raggiungere 60 cm di lunghezza. Può produrre una scarica elettrica utilizzata per difesa e per predazione.

Differenze rispetto alle specie affini: si distingue dalla torpedine marmorata, *T. marmorata*, per la presenza degli ocelli dorsali. In più, la torpedine marmorata ha una colorazione sul dorso più scura, con screziature e marezzature.

Habitat e distribuzione geografica: vive sui fondali sabbiosi e fangosi della piattaforma continentale. È diffusa in tutto il mediterraneo, molto comune nei mari italiani.

Biologia ed ecologia: si nutre di molluschi ed altri organismi bentonici. È una specie a sessi separati. La fecondazione è interna; come in tutti gli elasmobranchi, i maschi sono dotati di due pterigopodi.

Pesca: si cattura principalmente con reti a strascico di fondo e con reti da posta. Ha carni commestibili, ma scadenti, perché molli e scipite. L'importanza commerciale è pertanto limitata; gli esemplari più piccoli vengono solitamente scartati.

Classe: Cephalopoda
Ordine: Teuthida
Famiglia: Ommastrephidae

Nomi Regionali Italiani:

Toscana: totanessa, piscione, totano di paranza; ***Liguria***: totanessa; ***Alto Adriatico***: totanessa; ***altre regioni***: totano di paranza, totano e totanessa.

Inglese: *Broadtail shortfin squid*
Francese: *Encornet rouge*
Spagnolo: *Pota voladora*
Tedesco: *Tintenfisch*

TOTANO

Illex coindetii
(VÉRANY, 1839)

Caratteristiche generali: mantello lungo e stretto. Le pinne sono espanse, più larghe che lunghe; la loro lunghezza non supera il 40% della lunghezza del mantello. Le braccia sono allungate, il 1° ed il 3° braccio sono notevolmente più robusti. Alla fine dei tentacoli sono presenti delle ventose molto piccole, disposte in 8 file.
La taglia massima è di circa 30 cm di lunghezza del mantello, anche se la maggior parte degli animali è intorno a 11 cm (i maschi) e 18 cm (le femmine).

Differenze rispetto alle specie affini: è simile al totano *Todaropsis eblanae*, specie che vive a maggiori profondità e che si caratterizza per avere le pinne più lunghe (oltre il 40% della lunghezza del mantello), il mantello più tozzo, ed una colorazione più sbiadita. Esiste un'altra specie di totano, *Todarodes sagittatus*, che si distingue dalle altre due specie per la presenza di ventose su tutto il tentacolo e per la colorazione bruno-violacea.

Habitat e distribuzione geografica: è presente in tutto il Mediterraneo, ma anche nell'Atlantico orientale ed occidentale. Vive nella colonna d'acqua, di giorno si trova in prossimità del fondale, mentre nelle ore notturne si sposta verso la superficie. Si ritrova sui fondali a partire da 50 m fino a circa 400 m di profondità.

Biologia ed ecologia: si riproduce tutto l'anno. Si nutre di crostacei, pesci ed altre specie di cefalopodi; la dieta varia in funzione della taglia.

Pesca: si cattura essenzialmente con le reti a strascico, ma anche con reti a circuizione, e reti da posta monopanno (reti ad imbrocco). È uno dei cefalopodi più frequenti sui nostri mercati, il valore commerciale è medio. La carne è apprezzata quasi quanto quella del calamaro. Le catture sono molto abbondanti in molte aree d'Italia.

Classe: Osteichthyes
Ordine: Perciformes
Famiglia: Trachinidae

Nomi Regionali Italiani:

Toscana: tracina; ***Liguria***: traxina, agna, ragna, dragena, trasina; ***Alto Adriatico***: ragno, varagno; ***Marche***: pesce ragno tigrato; ***Abruzzo***: ragnolo; ***Puglia***: parasaula, strascene, trascene; ***Lazio***: tracina; ***Campania***: tracena o tracina liscia, tracena o tracina janca; ***Calabria***: tracina, tracina bovina; ***Sicilia***: tracina, tracina pinta e carrubara, tragena; ***Sardegna***: aragnas.

Inglese: *Greater weever*
Francese: *Grande vive*
Spagnolo: *Araña blanca*
Tedesco: *Petermännchen*

TRACINA DRAGO

Trachinus draco
LINNEO, 1758

Caratteristiche generali: corpo allungato e fusiforme, abbastanza compresso lateralmente; occhi piccoli, le pinne pettorali sono trapezoidali, l'estremità posteriore della pinna caudale è leggermente concava. Possiede molte spine velenifere: due grandi e robuste sull'opercolo e una, altrettanto grande, sulla prima pinna dorsale; altre spine sono presenti davanti ciascun occhio e sopra la testa.
La colorazione del dorso è grigio-giallastra, con macchie scure sopra la testa; i fianchi sono percorsi da numerose righe parallele azzurre e giallastre.
In Mediterraneo raggiunge la massima dimensione di 40 cm di lunghezza totale.

Differenze rispetto alle specie affini: in Mediterraneo esistono altre specie di tracina: la tracina ragno, *Trachinus araneus*, la tracina raggiata, *Trachinus radiatus*, la tracina vipera *Echiichthys vipera.* Un'attenta analisi dei caratteri morfologici e della colorazione permette di distinguere la tracina drago dalla specie affini.

Habitat e distribuzione geografica: vive prevalentemente su fondali sabbiosi e fangosi, dalle acque costiere fino a circa 100 m di profondità. Trascorre gran parte del suo tempo infossata nel sedimento, emergendo solo con gli occhi. È una specie molto comune lungo le nostre coste. È presente nell'Atlantico orientale e in tutto il bacino Mediterraneo.

Biologia ed ecologia: si nutre di piccoli invertebrati e di pesci. La deposizione avviene tra l'estate e l'inizio dell'autunno. Uova e larve sono pelagiche.

Pesca: la cattura avviene sia con reti da posta che con reti a strascico. L'importanza commerciale è limitata, anche se la specie possiede buone qualità organolettiche. Carni bianche e delicate, apprezzate in particolare nel Meridione. Ottimo pesce da "zuppa", è spesso presente sui mercati.

Classe: Osteichthyes
Ordine: Pleuronectiformes
Famiglia: Bothidae

Nomi Regionali Italiani:

Toscana: soacia; ***Liguria***: petrale; ***Alto Adriatico***: pataracia bianca, pataracia; ***Marche***: zanchetta, cianchetta; ***Abruzzo***: cianchette; ***Puglia***: zenchetted, zanchette, fraizze; ***Lazio***: tacchia; ***Campania***: suace, suace 'e fango; ***Calabria***: lettera, lanta, pilaia, pisci pitroli; ***Sicilia***: panta liscia, panta di gurfu; ***Sardegna***: paraiozza.

Inglese: *Scaldfish*
Francese: *Arnoglosse*
Spagnolo: *Peluda*
Tedesco: *Lammzunge*

ZANCHETTA O SUACIA

Arnoglossus laterna
(WALBAUM, 1792)

Caratteristiche generali: corpo schiacciato dorso-ventralmente, di forma ovoidale, più compresso nella regione caudale. Bocca grande, munita di una sola serie di denti piccoli e appuntiti. L'occhio ventrale è spostato in avanti rispetto a quello dorsale. La pinna dorsale è unica, inizia davanti agli occhi e termina sul peduncolo caudale. La pinna anale è opposta alla dorsale e più corta. Il colore del lato oculare è grigiastro-giallastro, il lato opposto è incolore. La taglia raramente supera 10 cm.

Differenze rispetto alle specie affini: la suacia cianchetta, *A. rueppelli*, ha corpo più allungato ed occhi molto più sviluppati rispetto alla suacia; la suacia mora, *A. thori*, si distingue per il secondo raggio della pinna dorsale, che è molto sviluppato.

Habitat e distribuzione geografica: ha una distribuzione batimetrica piuttosto ampia, ma è più comune fino a 100 m di profondità. Vive su fondali sabbiosi e fangosi. È una specie molto comune lungo tutte le coste italiane.

Biologia ed ecologia: è una specie a sessi separati. Si alimenta di piccoli organismi bentonici.

Pesca: si cattura esclusivamente con reti a traino di fondo (strascico e rapido). Buone le carni. L'importanza commerciale è limitata: è, comunque, una classica componente della "frittura di paranza".

Classe: Osteichthyes
Ordine: Perciformes
Famiglia: Centracanthidae

Nomi Regionali Italiani:

Toscana: zerro, spigolo; ***Liguria***: zeru, menùa de fango, partigian, zeri; ***Alto Adriatico***: garisso, maridola, pontaroi (giovani), marida, sgarisse; ***Marche***: mindula turchina; ***Abruzzo***: spireule, marateche; ***Puglia***: pupiddhu, spicaluru, fimminedda, masculare, zammarella, pupidde; ***Lazio***: zero; ***Campania***: retunno, mammarella, rotunno, spicaro, masculoro, ciero, ciaulo, ciurlo; ***Calabria***: spigara, ciavola; ***Sicilia***: asineddu, puntaloru, spicara, smitiru, caccè, mammaluccu, maccaruneddu, ritunneddu, macchettu, spiccareddu, ritonno, maccheddu; ***Sardegna***: giarrettu, zerru, zarrittu, spigerallu.

Inglese: *Picarel*
Francese: *Gavaron*
Spagnolo: *Caramel*
Tedesco: *Pikarel*

ZERRO

Spicara smaris
(Linneo, 1758)

Caratteristiche generali: corpo allungato, fusiforme, leggermente compresso lateralmente. Il muso è leggermente appuntito. La bocca è piccola, ma estremamente protrattile. L'occhio è grande, circolare. La pinna dorsale è unica, formata da raggi della stessa lunghezza. La pinna anale è lunga circa la metà di quella dorsale. Le pinne pettorali sono ben sviluppate, allungate, così come le pelviche. La pinna caudale è forcata. Il corpo ha una colorazione grigiastra, con sfumature azzurrognole. Una macchia scura, di forma rettangolare, è presente al di sotto della linea laterale, a circa metà della lunghezza del corpo. Raggiunge una lunghezza massima di circa 20 cm.

Differenze rispetto alle specie affini: nei nostri mari sono numerose le specie affini allo zerro. La menola, *S. maena*, ha un corpo più ovale e più appiattito ai lati rispetto allo zerro. La colorazione è grigio-azzurrastra, con striature giallastre e punteggiatura azzurrognola. Anche la menola ha una macchia scura simile a quella dello zerro. Simile alla menola è la spicara, *S. flexuosa*; recenti ricerche, infatti, le raggruppano in una unica specie. Lo zerro musillo, *Centracanthus cirrus*, ha corpo molto allungato e fusiforme. Il muso è particolarmente appuntito. La colorazione è brunastra-rossastra; le pinne sono rossastre.

Habitat e distribuzione geografica: è una specie gregaria, che vive nella colonna d'acqua, sopra le praterie di Posidonia e su fondali sabbiosi e fangosi; si trova tra 10 e 100 m di profondità. È presente nell'Atlantico orientale e in tutto il Mediterraneo, è molto comune lungo le nostre coste.

Biologia ed ecologia: si nutre principalmente di crostacei planctonici. È una specie a sessi separati, che si riproduce durante l'inverno.

Pesca: si cattura attraverso diversi sistemi di pesca: reti da posta, strascico di fondo, sciabica, nasse e, persino, palangari. L'importanza commerciale è, tuttavia, limitata: viene consumato fritto o utilizzato per cucinare brodi e zuppe di pesce. In certe località, tuttavia, è molto apprezzato.

RICETTE DI BASE

Un certo numero di specie elencate nella lista dei "pesci poveri" risulta privo di ricette specifiche; oppure sono state acquisite pochissime ricette. Si tratta di ben oltre la metà.

In realtà, come abbiamo potuto rilevare nella consultazione di varie fonti, le destinazioni culinarie di questi pesci sono quelle comuni, dipendenti dagli usi rintracciabili nelle varie località di pesca e soprattutto dai modi d'impiego elaborati spesso ingegnosamente dalla gente di mare, che pesca e che – se il pesce è poco richiesto sui banchi dei mercati – lo consuma, e subito, per proprio conto.

Pertanto si è pensato di trarre dalle informazioni spesso sommarie o generiche desumibili dalle fonti, soprattutto regionali, alcuni parametri di indirizzo culinario, che abbiamo definito appunto *ricette di base*, perché si riferiscono cumulativamente a pluralità di pesci.

Ricette che appresso trascriviamo, con l'avvertenza che le modalità di cottura – appena accennate – riguardano gli usi tradizionali, e neppure tutti, non avendo quest'opera alcuna intenzione di passare per un "trattato culinario", ma semplicemente l'obiettivo di far conoscere o ricordare ricette semplici e condizionate al risparmio: di pesci pregiati in via di estinzione e di soldi per gli utenti.

Avvertenza: quando si parla di olio si intende sempre quello extravergine di oliva.

La Redazione

Arrosto di pesce sulla piastra, sulla griglia o in teglia

Le varie fonti consultate segnalano questo tipo di cottura per le seguenti specie di "pesce povero"[1]:

Occhi verdi (dimensioni grosse)
Palamita
Pesce forca
Pesce orologio
Pesce sciabola

Il pesce impiegato per questi tre simili – ma non uguali – modi di cottura ha preferibilmente dimensioni da un minimo di circa 20 a un massimo di circa 35 cm.
Nella cottura sulla piastra il pesce è preventivamente pulito, eviscerato e lavato, quindi insaporito nell'apertura ventrale con sale e rosmarino.
Nella cottura sulla griglia la preparazione e l'insaporimento sono analoghi.
Nelle due modalità suddette si dovrà rivoltare il pesce almeno una volta, pochi minuti dopo l'avvio della cottura, la cui fonte di calore non dovrà mai essere spinta al massimo per evitare che la pelle e la carne sottostante abbiano a bruciare troppo (si faccia attenzione, quando si cuoce alla griglia, alla dimensione del pesce, che rispetto al fuoco dovrà stare tanto più sollevato quanto meno è grosso).
Nella cottura arrosto – collocato in una teglia e messo a cuocere al forno – la preparazione ha una impostazione diversa, potendosi accoppiare al pesce una maggiore gamma di odori e sapori. In questo caso si può preparare un trito di aglio, prezzemolo, rosmarino, timo, pepe e sale e spargere il composto sul fondo di una teglia, sulla quale si sarà versato dell'olio di oliva: si lascia marinare per una o due ore, quindi si inforna a 180-200° gradi e si lascia cuocere. Se l'olio di cottura viene a mancare, allungare con del vino bianco.
La stessa preparazione può essere riservata alla ipotesi che si adoperi la griglia: in questo caso il pesce, ricoperto per effetto della marinatura fuori e dentro (nella cavità ventrale) dal suddetto composto, cuocerà non disperdendo del tutto i benefici effetti dell'insaporimento di base.

1 Si tenga presente che alcune specie di pesci sono segnalate per una pluralità di modi di cottura e pertanto nel formulario c.d. "generale" si potranno ancora ritrovare in diverse voci alcuni dei pesci qui elencati. L'elenco qui riportato non è ovviamente esaustivo.

Brodo di pesce

Le varie fonti consultate segnalano questo tipo di cottura per le seguenti specie di "pesce povero"[1]:

Merlano
Mostella di fondale
Palamita
Pesce orologio
Melù o potassolo

Per questa pietanza si adoperano generalmente pesci (raramente) di una stessa o (più frequentemente) di varie specie, minuti o anche più grossi, che una volta puliti, eviscerati, squamati, nettati di eventuali aculei e lavati, saranno gettati nella pentola in acqua non troppo calda, insieme a sapori e odori (pomodorini tipo ciliegino, aglio, cipolla, se disponibile una trancia di gambo di porro, un rametto di prezzemolo e un po' di peperoncino) e al sale. Molte le fonti che consigliano di unire all'acqua – a freddo – dell'aceto di vino bianco (rapporto un decilitro per ogni litro di acqua).
Poiché una cottura a fuoco intenso – che porterebbe alla sfarinatura o quasi del pesce ed alla perdita di sostanze nutritive importanti – è generalmente sconsigliata, si dovrà fare attenzione a due condizioni: che l'acqua di cottura non raggiunga mai la temperatura della ebollizione e che il pesce non abbia a sfarinarsi troppo, poiché la sua carne cuoce in un tempo minore rispetto alla carne bovina, ovina e suina.
A cottura conseguita, il pesce sarà passato col tritatutto e l'impasto ricavato sarà subito ributtato nella sua acqua di cottura, che sarà stata a questo fine recuperata e predisposta all'impiego.
L'acqua di cottura con l'impasto assorbito sarà quindi di nuovo scaldata per amalgamarla e a questo punto sarà disponibile per la consumazione ad uso di consommé o con pasta bollita dentro lo stesso liquido.

1 Si tenga presente che alcune specie di pesci sono segnalate per una pluralità di modi di cottura e pertanto nel formulario c.d. "generale" si potranno ancora ritrovare in diverse voci alcuni dei pesci qui elencati. L'elenco qui riportato non è ovviamente esaustivo.

Fritture di pesce

Le varie fonti consultate segnalano questo tipo di cottura per le seguenti specie di "pesce povero"[1]:

Argentina
Cepola
Gamberessa
Gamberetto di fango
Ghiozzo
Linguattola
Melù o potassolo
Merlano
Merluzzetto
Mostella di fondale
Occhi verdi
Pesce tamburo
Rombo quattr'occhi
Zanchetta o suacia

Il pesce fritto è uno dei piatti più richiesti e più comuni, assecondando con uguali risultati il gusto e la tasca (almeno, nella cucina di casa).
Secondo una classificazione di fatto, cui contribuisce in maniera determinante la terminologia della cucina meridionale, si può distinguere tra "frittura" e "fritturella".
La prima riguarda la cottura di pesci non grossi, ma con una lunghezza che va dai sette-otto centimetri ai venti circa. La seconda concerne tutti i pesci più piccoli, per esemplificare dai latterini (crognolini in Toscana) alle acciughe minime agli zerretti ai ghiozzetti, eccetera, insomma tutti quelli che per piccola dimensione non sono sfruttabili per la frittura "normale", anche detta "di paranza". Inoltre, normalmente i pesci della frittura "da paranza" sono mangiati, lavorando con la forchetta e se occorre col coltello (o con le mani!). Mentre quelli della "fritturella" sono mangiati tutti interi (e risultano innegabilmente più gustosi!).
Per la cottura, quelli della "frittura" normale sono preventivamente puliti, eviscerati e lavati, quindi una volta asciugati sono infarinati e buttati nella padella con l'olio bollente, ma non troppo abbondante.
Per quelli della "fritturella", che nella pratica è impossibile pulire, si procede al solo accurato lavaggio, ad asciugarli, a infarinarli e quindi a buttarli nell'olio bollente e abbondante della padella.
In entrambe le situazioni il sale viene cosparso sui pesci caldissimi appena scolati in giusta misura.
I pesci fritti sono usualmente collocati su un vassoio, sul fondo del quale si sarà posto un foglio di carta da cucina assorbente.
La frittura di pesci deve essere servita e mangiata calda.
V'è discordia tra i fautori della spremitura di succo di limone sul pesce fritto e i "renitenti", che pare siano la maggioranza. Ognuno è bene si regoli secondo il proprio gusto, non senza notare che in ogni caso il succo di limone aggiunge qualcosa a quello del pesce fritto e ancora caldo, che non a tutti può piacere.
Quale olio? I fautori dell'olio di semi (in prevalenza di arachide) sostengono che la frittura con olio di semi rende il pesce fritto più gustoso e più leggero, tanto da agevolarne la digestione. I fautori dell'olio di oliva

non negano di riconoscere alla frittura con olio di semi una maggiore "leggerezza", ma sostengono che il gusto della frittura con olio d'oliva è insuperabile e che la "pesantezza" è relativa e spesso soggettiva, ed infine che le proprietà dell'olio di oliva[2] non vengono meno con questo tipo di cottura. Su quest'ultimo punto, chi opta per l'olio d'oliva ha buone ragioni dalla sua, considerato che soprattutto nel processo di riscaldamento e bollitura l'olio di semi disperde, ma trasferisce al pesce i grassi saturi di cui è in più o meno rilevante misura dotato e che nuocciono all'organismo umano.

1 Si tenga presente che alcune specie di pesci sono segnalate per una pluralità di modi di cottura e pertanto nel formulario c.d. "generale" si potranno ancora ritrovare in diverse voci alcuni dei pesci qui elencati. L'elenco qui riportato non è ovviamente esaustivo.

2 E non solo per le indubbie qualità organolettiche, ma soprattutto per la presenza di grassi insaturi, che contrastano con efficacia gli eccessi colesterolemici, e di sostanze fenoliche, che hanno indubbia attività antiossidante e quindi di lotta all'invecchiamento delle cellule.

In teglia o al forno con olio, sapori e odori

Le varie fonti consultate segnalano questo tipo di cottura per le seguenti specie di "pesce povero"[1]:

Argentina (dimensioni grosse)
Gattuccio
Gattuccio boccanera
Merlano
Merluzzetto
Palamita
Pesce sciabola
Melù o potassolo
Torpedine

Si dà per conosciuta e già eseguita la pulitura preventiva del pesce da cucinare.
La cottura in teglia e quella al forno richiedono l'impiego di olio, che a scelta dell'operatore può essere extravergine d'oliva (preferibile in assoluto[2]) o in alternativa di semi (v'è una percettibile preferenza per quello di arachidi).
A seconda che la cottura avvenga in teglia sul fuoco a gas o elettrico oppure in forno c'è variazione nella misura dell'olio (di meno quando si sceglie il forno).
Se il pesce posto sul fuoco o nel forno tende troppo rapidamente ad assorbire l'olio, si potrà "allungare" il condimento con del brodo di pesce (se in ipotesi disponibile) o in al-

ternativa (molto più probabile) con del vino bianco.
Soprattutto quando il pesce deve essere cotto in forno, si può ricorrere alla preventiva marinatura con l'olio e gli aromi (odori e sapori) che si useranno per la successiva cottura: provedimento che dura qualche ora e consente non solo di insaporire proficuamente la carne del pesce, ma altresì di impedire che si rasseghi a causa del calore del forno, che è bene tenere sui 180° se il pesce è grosso e sui 200° (ed anche oltre) se è piccolo.
I tempi di cottura variano a seconda della intensità della fonte di calore e della gradazione prescelte e altresì della dimensione e soprattutto della compattezza ("durezza") della carne di pesce.
L'insaporimento del pesce in cottura è legato, oltre beninteso che alla qualità intrinseca della carne del pesce, al tipo e alla qualità dell'olio scelto, all'aggiunta di aglio ed eventualmente di rosmarino, di peperoncino (raccomandato in generale lo scarto dei semi) ed anche di prezzemolo tritato, la cui misura varia a seconda del gusto della carne del pesce impiegato e dell'effetto sapido che si vuole ottenere.
Un altro importante agente di insaporimento è costituito dal pomodoro, che può essere impiegato in misura mai troppo invadente e preferibilmente fresco, depurato delle bucce e possibilmente dei semi e e ridotto a tocchetti più o meno minuti (più è lunga la cottura, più i pezzetti possono essere grossi, considerato che in ogni caso sono destinati a sciogliersi col calore).
Quando mettere il pomodoro? Un orientamento è quello di metterlo subito nell'olio con l'aglio e il peperoncino (e il prezzemolo, se si decide di impiegare subito questo odore): quando avrà "legato" si depositeranno i pesci per la cottura. Un altro orientamento prende in considerazione un momento successivo: mettere prima il pesce nell'olio e aglio, ecc., a soffriggere, e poi immettere il pomodoro. In ogni caso, quando si mette il pomodoro è consigliabile proprio in quell'occasione salare. L'impiego del pomodoro porta con sé anche quello del prezzemolo, considerato che l'unione di questi due elementi è straordinariamente efficace per la riuscita della preparazione a caldo della pietanza.
Il sale e il peperoncino (anche l'uso di questo vegetale è in prevalenza raccomandato) sono impiegati l'uno entro la metà del tempo di cottura, salve le specificità sopra enunciate, l'altro già insieme all'aglio.

1 Si tenga presente che alcune specie di pesci sono segnalate per una pluralità di modi di cottura e pertanto nel formulario c.d. "generale" si potranno ancora ritrovare in diverse voci alcuni dei pesci qui elencati. L'elenco qui riportato non è ovviamente esaustivo.

2 E non solo per le indubbie qualità organolettiche, ma soprattutto per la presenza di grassi insaturi, che contrastano con efficacia gli eccessi colesterolemici, e di sostanze fenoliche, che hanno indubbia attività antiossidante e quindi di lotta all'invecchiamento delle cellule.

Pesce bollito

Le varie fonti consultate segnalano questo tipo di cottura per le seguenti specie di "pesce povero"[1]:

Caviglione (dimensioni grosse)
Gattuccio boccanera
Merlano
Merluzzetto
Mostella di fondale
Murena[2]
Palamita
Pesce sciabola
Torpedine

Per questa pietanza si adoperano generalmente pesci di una certa dimensione, che se di massa congrua per una persona sono detti anche "da porzione"; i quali una volta puliti, eviscerati, squamati, nettati di eventuali aculei e lavati, saranno immessi nella pentola in acqua non troppo calda, insiene a sapori e odori (qualche pomodorino del tipo ciliegino, aglio, cipolla, scalogno, porro, un rametto di prezzemolo, della carota e un pizzico di pepe o peperoncino[3]) e al sale. Secondo alcune fonti, si aggiungerà all'acqua di cottura, a freddo, un po' di aceto di vino bianco (da uno a due bicchieri ogni mezzo litro): questo modo di cucinare, che serve ad insaporire la carne del pesce, è chiamato anche – alla francese – *court-buillon.*

Poiché una cottura a fuoco intenso – che porterebbe alla sfarinatura o quasi del pesce ed alla dispersione di sostanze nutritive importanti, quali le proteine – è generalmente sconsigliata, si dovrà fare attenzione a due condizioni: che l'acqua di cottura non raggiunga mai la temnperatura della ebollizione e che il pesce in ogni caso non abbia a rompersi, né tantopiù a sfarinarsi, poiché la carne di pesce come noto cuoce in un tempo minore rispetto a quello della carne animale.

A cottura conseguita (in media una mezz'ora rispetto al momento in cui il pesce è messo nella pentola: calcolare 15' ogni 500 gr all'incirca), il pesce sarà con delicatezza sgrondato dell'acqua di cottura e collocato sui piatti di portata e/o di consumazione, guarnito di tocchi di limone e con olio di oliva a portata. Se non lo si deve consumare subito, è preferibile lasciarlo nell'acqua di cottura, una volta spenta la fonte di calore.

In tavola il pesce bollito è consumato non solo con il ricorso ad una spruzzata di limone ed al condimento con olio a crudo, ma anche con il contorno di salse varie, fra le quali sono molto note la maionese e la salsa al vino bianco.

Osservazione finale e generale: il pesce bollito non deve arrivare a tavola freddo.

1 Si tenga presente che alcune specie di pesci sono segnalate per una pluralità di modi di cottura e pertanto nel formulario c.d. "generale" si potranno ancora ritrovare in diverse voci alcuni dei pesci qui elencati. L'elenco qui riportato non è ovviamente esaustivo.

2 Questo pesce, come si è già detto a proposito della ricetta per la murena fritta, è grasso e prima di cucinarlo deve essere spellato e pulito in maniera particolare; è considerato anche fra i pesci adatti ad essere cucinati bolliti.

3 Anche questo elenco non è affatto esaustivo.

Spiedini di pesce

Le varie fonti consultate segnalano questo tipo di cottura per le seguenti specie di "pesce povero"[1]:

Murena • Palamita
Pesce forca • Pesce sciabola
Totano (totanessa)

La cottura del pesce allo spiedo è antica quanto la storia, considerato che sia la carne animale che quella ittica sono state assoggettate a trattamento sul fuoco vivo o al di sopra della brace per la cottura.
In questo paragrafo parliamo degli spiedini, cioè di quegli accorgimenti usati nelle case per fare degli spiedini di pesce in forno o fornetto o su teglie simili a "piastre" (chi ha visto le ormai poco usate cucine economiche a legna o carbone sa cosa è possibile fare con la loro piastra di cottura).
Per gli spiedini occorrono pesci di carne resistente, anche dura, la cui cottura sia possibilmente della stessa durata.
Data per conosciuta ed eseguita la pulizia del pesce, si procede al taglio facendo attenzione a ricavare pezzi di una certa omogeneità di forma, peso e dimensione, sia che il taglio venga a medaglioni, a scaloppe o a tranci, eccetera.
I pezzi del pesce sono quindi infilati nell'asta del girarrosto, se si ricorre all'impiego di pezzi di buone dimensioni e si vuole sfrutture questo utilissimo attrrezzo. Oppure nelle asticelle di alcuni spiedini (di legno o di metallo).
Fra l'uno e l'altro pezzo si porrà del rosmarino e anche un pezzetto di pane di campagna, che cioè "tenga" bene alla cottura e non si sbricioli.
Si adopera una sola specie di pesce, ovvero anche più specie.
Differenze di cottura sussistono se si sceglie il girarrosto e in alternativa un certo numero di spiedini, che sono fatti cuocere sulla griglia del forno o del fornetto o sulla padella antiaderente che funge quasi da piastra. In tutte queste ipotesi è necessaria un'attenta sorveglianza dell'andamento della cottura, poiché sarà bene ogni tanto muoverli e girarli.
La fonte di calore, in tutti i casi, sarà elevata, ma non al massimo.
La cottura allo spiedino della murena comporta, in positivo, la perdita di buona parte del grasso: così come la cottura allo spiedo rotante o agli spiedini non mobili comporta in ogni caso una positiva dispersione di grassi.
La salatura del pesce così trattato è effettuata possibilmente a cottura in corso, ma va bene anche il momento della preparazione prima della cottura.

1 Si tenga presente che alcune specie di pesci sono segnalate per una pluralità di modi di cottura e pertanto nel formulario c.d. "generale" si potranno ancora ritrovare in diverse voci alcuni dei pesci qui elencati. L'elenco qui riportato non è ovviamente esaustivo.

Sugo di pesce

Le varie fonti consultate segnalano questo tipo di cottura per le seguenti specie di "pesce povero"[1]:

Gamberetto di fango
Granchio di rena
Totano (totanessa)
ma anche altri dei "pesci poveri",
purchè preparati come di seguito si trascrive

L'impiego del pesce per il sugo, col quale condire la pasta, dipende preliminarmente dalla "materia prima" a disposizione.
Se si hanno ad es. granchi di rena, si potrà fruttuosamente seguire la ricetta "spaghetti al granchio di rena", trascritta in questo stesso libro.
Se si ha a disposizione altro pesce, che appartenga a quelle specie selezionate come "pesce povero" e che non hanno ricette specifiche, ovvero hanno ad es. ricette per piatti di seconda portata o per antipasto, si dovrà allora pensare a quale tipo di sugo si vuole mirare. Infatti si possono ottenere sughi molto impregnati di pomodoro ed altri molto meno. Inoltre certi sughi fanno intravedere pezzetti di pesce cotto di una certa dimensione, ancora percepibile dopo la cottura, mentre in altri la polpa dei pesci si sarà del tutto sfarinata.
Per quanto riguarda il gamberetto di fango, questo dovrà essere reso mangiabile e quindi prima di essere cucinato sarà "sbucciato".
Quanto al totano della specie quale quella selezionata (è detto anche "la totanessa"), dotata di una carne piuttosto resistente, si dovrà vagliare se una volta cotto possa convenientemente "legare" con le altre specie di pesci utilizzate. L'orientamento degli Autori è di accoppiare il totano, ovviamente spezzettato, a frutti di mare per un tipo di sugo "in bianco" con il quale condire gli spaghetti o il risotto "allo scoglio". Essendo alcuni dei frutti di mare piuttosto costosi, qui segnaliamo la opportunità di ricorrere ai mitili (cozze) e alle vongole di allevamento, qualora si voglia adoperare il totano per cucinare questo condimento e si voglia spendere poco.
Con gli altri pesci, si seguirà il criterio che qualsiasi trancio di pesce può fruttuosamente cuocere su una base di pomodoro a sua volta versata su un soffritto di olio d'oliva, aglio, prezzemolo e peperoncino: la durata della cottura non supera ordinariamente i venti minuti (salare quando si mette il pesce sul pomodoro).
I pesci saranno puliti accuratamente (ovviamente, eviscerati e deliscati) e ridotti a pezzetti con un coltello, quindi nel corso della cottura si sfarineranno quasi del tutto.
Se una parte dei pesci è troppo piccola per un'accurata pulizia del tipo sopra prospettato, si potrà gettarli in acqua bollente e dopo pochi minuti scolarli e passarli al tritatutto, versando poi l'impasto insieme al restante pesce, già spezzettato, sulla base di pomodoro.
Una volta che il sugo è pronto, si abbia riguardo alla modalità dell'accoppiamento con la pasta cotta (al dente, preferibilmente): infatti si può versare il sugo in una zuppiera, versarvi sopra la pasta scolata e prima di servire rimescolare bene. Oppure si può versare la pasta scolata sul sugo nello stesso pentolo

(se di buon diametro) di cottura, rimettere un minuto sul fuoco, mescolando bene, e quindi servire nei piatti.
Un'ultima, ma importante annotazione: qualsiasi sugo di pesce richiede, quando è cotto e si sta spengendo il fuoco, che si cosparga in giusta misura di prezzemolo fresco tritato.

Zuppa di pesce

Le varie fonti consultate segnalano questo tipo di cottura per le seguenti specie di "pesce povero"[1]:

Caviglione
Cepola (dimensioni grosse)
Gamberessa
Gamberetto di fango
Merlano
Merluzzetto
Mostella di fondale
Pesce forca
Pesce orologio
Pesce tamburo
Melù o potassolo
Sciarrano
Tracina

Data per conosciuta ed effettuata la preliminare operazione di pulizia dei pesci, devesi in primo luogo considerare che per la preparazione della zuppa varie e numerosissime, antiche e meno antiche, quasi tutte nate sulle barche dei pescatori e aventi come ingredienti di base i pesci non richiesti o non commerciabili proficuamente sui mercati, sono le "ricette", che nella trascrizione delle tante località di mare evidenziano comunque caratteristiche comuni.
I pesci devono avere dimensioni tali da poter essere "maneggiati" per il momento dell'alimentazione (a seconda del numero dei destinatari della pietanza le pentole saranno quindi più o meno capaci).

1 Si tenga presente che alcune specie di pesci sono segnalate per una pluralità di modi di cottura e pertanto nel formulario c.d. "generale" si potranno ancora ritrovare in diverse voci alcuni dei pesci qui elencati. L'elenco qui riportato non è ovviamente esaustivo.

Per una zuppa-tipo occorrono – oltre ovviamente alla materia prima – acqua, odori e sapori e il fuoco.
E poiché in genere nei ricettari si trascura la valutazione della quantità dell'acqua, è bene osservare che questa non deve essere abbondante, ma tale da consentire la cottura in maniera da vedere i pesci (c'è una tipica definizione: cuocerli affogati, ma che si vedano a pelo d'acqua!).
Infatti al momento di consumare la zuppa questa potrà essere servita in una scodella, ma non dovrà apparire come un brodo con pesci "nuotanti", bensì come una minestra con liquido molto saporito, poco e denso (ristretto). Proviamo a dire che l'acqua di cottura deve essere all'incirca quasi la massa del pesce. Per allungare l'acqua di cottura si ricorre al vino, che dev'essere rosso e immesso in misura congrua (un mezzo bicchiere ogni litro di acqua).
Con l'acqua si metteranno odori e sapori (aglio, cipolla, carota, prezzemolo, un po' di peperoncino, ecc., a seconda degli usi locali e della fantasia) e nella maggior parte delle preparazioni il pomodoro, che "lega" benissimo pesci e acqua. Insieme al pomodoro si verseranno olio d'oliva e sale, q.b..
Il pesce è buttato quando nella pentola l'acqua ha raggiunto una quarantina di gradi: si deve fare attenzione a non permettere che la temperatura si mantenga al livello di ebollizione.
Saranno buttati in pentola prima i pesci dotati di carni dure o poco delicate e successivamente quelli con carni delicate, in modo che il punto generale di cottura dei vari pesci sia raggiunto – e si ricordi che ordinariamente i pesci cuociono fra i venti ed i quaranta minuti – omogeneamente.
Durante la cottura non si rimescoli se non con delicatezza, per evitare che i pesci abbiano a sfilacciarsi e rompersi.
Molte delle zuppe sono servite da una zuppiera, sulla cui base si saranno collocate fette di pane di campagna (spesse al massimo un paio di cm) in precedenza abbrustolite e quindi agliate: si faccia in modo che ogni commensale riceva due o tre fette, che intrise del sugo saporito della zuppa sono le più gustate e ricercate.

1 Si tenga presente che alcune specie di pesci sono segnalate per una pluralità di modi di cottura e pertanto nel formulario c.d. "generale" si potranno ancora ritrovare in diverse voci alcuni dei pesci qui elencati.
L'elenco qui riportato non è ovviamente esaustivo.

Minestra di pesce minuto

(Franca Torsellini Chiavaccini)

mezzo kg di minutaglia di pesce (occhiatine, zerretti, ghiozzetti, nasellini, scorfani, mugginotti, sparlotti, saraghetti, gallinelle, eccetera) • 6 cucchiai di olio 300 gr di pomodori freschi o "pelati" odori e verdure: cipolla, carota, prezzemolo, basilico, aglio e peperoncino, a discrezione e con misura • acqua • sale, q.b.

Pulire e ben lavare tutti i pesci.
In una pentola bassa mettere con l'olio gli odori e le verdure, a tagli grossolani, i pesci puliti, il pomodoro, il sale e un po' d'acqua. Far bollire per circa mezz'ora.
Gettare poi il composto in un passatutto e passarlo in una teglia: aiutarsi con acqua bollente per agevolare il filtraggio, per raggiungere la quantità e la densità desiderate.
Ne esce un brodo denso, colorito e profumato, nel quale si potrà cuocere della pasta, preferibilmente spaghetti o bavette spezzettate a mano.
Eccezionale il brodo ottenuto sostituendo all'acqua il brodo di pesce avanzato da qualche altra precedente cottura.

Minestra in brodo di bavose, boghe, zerri e altri pesci poveri

600 gr di pesci poveri (bavose, boghe e zerri, tutti della medesima pezzatura, e soprattutto freschi, fra 50 e 100 gr cad., ed anche oltre) • 1 pezzetto di gambo di sedano • 1 manciata di prezzemolo 1 spicchio d'aglio • 1 piccola cipolla tipo "Tropea" 1 piccola carota • 2 o 3 pomodorini tipo "ciliegino" • sale • 1 punta di peperoncino

Pulire il pesce, eviscerandolo e lavandolo.
In una pentola con l'acqua mettere insieme tutti gli odori, il sale e il peperoncino e cominciare a far scaldare. Quindi gettare i pesci e bollirli. A cottura fatta, passare i pesci col passatutto: gettare la crema ottenuta nel brodo di cottura del pesce, proseguendo per qualche minuto nella cottura, allo scopo di ben amalgamare il tutto.
Il brodo che ne deriva è saporito e fragrante e può essere consumato a solo oppure dopo averci cotto della pasta.

Nota: *Proprio da questi pesci, considerati poco e di non frequente presenza sui banchi del mercato, si ottengono brodi e fritture di grande qualità, gusto e fragranza, poiché possiedono carni saporite e delicate. Si può aggiungere a questa serie anche lo scorfanotto e lo sparlotto. Inoltre sono validi ingredienti per le pietanze composite quali ad es. il cacciucco.*

RICETTE DI PESCE POVERO

Per un numero, tutto sommato soddisfacente, di specie incluse nell'elenco del "pesce povero" abbiamo potuto acquisire ricette, legate in generale alle tradizioni locali, che nel nostro Paese sono ricche di estro, di fantasia e di tendenza all'equilibrio di gusto, sapori, odori e colori.

Di seguito, dopo le ricette di base, ecco le ricette che trattano specificamente ventitre delle specie ittiche "povere".

La sequenza delle ricette non è in ordine alfabetico generale, ma per specie, come le schede del "pesce povero".

Avvertenze: quando si parla di olio si intende sempre quello extravergine di oliva; ogni ricetta è stata ragguagliata – ovviamente con le possibili esuberanze o le limitazioni di misure del caso – a quattro persone.

La Redazione

Aguglie al limone

(Accademia Italiana della Cucina)

800 gr di aguglie di piccola dimensione
1 limone • mezzo bicchiere di vino
bianco secco • farina • aglio • peperoncino
prezzemolo • sale

Pulire le aguglie, eliminando la testa e la coda, oltre alle interiora, lavarle e asciugarle.
Mettere al fuoco una padella con olio, uno spicchio d'aglio e del prezzemolo tritato. Dopo pochi minuti (attenzione che l'aglio non bruci!) aggiungere le aguglie, che nel frattempo saranno state infarinate, condirle con sale e un pizzico di peperoncino spezzettato (o con del pepe macinato sul momento) e farle rosolare bene da entrambi i lati.
A questo punto versare il succo di un limone e dopo un po' irrorare con del vino bianco, facendolo evaporare con la cottura a fuoco basso, mantenuto per una ventina di minuti, durante i quali si deve girare qualche volta il pesce.

Aguglie al pangrattato

800 gr di aguglie
tre cucchiaiate di pangrattato
due spicchi di aglio
olio vergine d'oliva
1 limone

Pulite le aguglie, eliminatene la testa e la coda, apritele e toglietene via la punta, lasciando però unite le due parti. Risciacquatele, asciugatele e ricomponetele. Mettete in una terrina il pangrattato, l'aglio tritato, il sale, due cucchiaiate d'olio e una d'acqua. Amalgamate bene, mettete un pò del composto in ogni aguglia e richiudetela. Allineate le aguglie in una teglia, cospargetele di sale, versate su di esse l'olio e fate cuocere in forno per circa mezz'ora. Prima di servire, spruzzate con succo di limone.

Aguglie al pomodoro

(Paolo Petroni)

2 aguglie da circa 450-500 gr, oppure 4 da circa 200-250 gr • 400 gr di pomodori maturi o "pelati" • una cipolla piccola uno spicchio d'aglio • un gambo di sedano prezzemolo • olio di oliva • sale pepe o peperoncino

Sventrare la aguglie, eliminandone le teste, le code e le pinne, lavarle, asciugarle e tagliarle a tronchetti lunghi circa 5 cm.
Preparare un battuto finissimo con tutti gli odori e farlo soffriggere in 8 cucchiai d'olio; appena la cipolla comincia ad appassire unire i tronchetti di aguglia.
Quando questi saranno rosolati aggiungere i pomodori pelati e spezzettati, salare, pepare (o insaporire col peperoncino tritato) e lasciar cuocere piano per circa 20 minuti.
Questa pietanza può essere servita anche su delle fette di pane abbrustolite e agliate.

Aguglie alla griglia

(Accademia Italiana della Cucina)

800 gr di aguglie • olio • sale origano • pepe • limone q.b.

Pulire le aguglie, togliendo le interiora e le pinne, e lavarle.
Preparare un condimento unendo il liquido di limone strizzato, un pizzico di sale, uno di pepe, un altro di origano e dell'olio d'oliva amalgamando il tutto.
Bagnare subito il pesce preparato con una parte del condimento.
Allineare quindi le aguglie su una capace gratella e arrostirle sulla brace a calore moderato.
Durante la cottura, spargere il resto del condimento su un verso e, dopo aver girato dopo pochi minuti una sola volta i pesci con delicatezza (per evitare che si spezzino), sull'altro.
Servire i pesci ancora molto caldi e accompagnarli con spicchi di limone.

Aguglie e patate al forno

2 aguglie da circa 250-300 gr, oppure uno da circa 500 gr • 450-500 gr di patate un etto e mezzo di pomodori (maturi rossi o pelati) • due cimette di rosmarino • qualche foglia di salvia uno spicchio d'aglio • olio d'oliva sale • pepe

Pulire le aguglie, eliminandone la testa e la coda, e aprirle. Quindi deliscarle e lavare. Si ricavano dei filetti, che saranno poi impiegati, tagliati a tronchetti non spessi, per la confezione della pietanza.
A parte, pelare le patate e tagliarle a fette sottili. Quindi passarle in una padella con olio d'oliva, lo spicchio d'aglio, il rosmarino, la salvia e poi sale e pepe, e portarle quasi a cottura.
In una teglia da forno o in una pirofila mettere a strati prima uno di fette di patate poi uno di tronchetti di aguglia e pomodoro a pezzettoni, e una volta completata l'operazione passare un po' d'olio d'oliva, salare, pepare e infornare a forno portato a 180°.
Prima di servire passare un filo d'olio d'oliva sul pasticcio.

Aguglie in umido

1 Kg di aguglie • 400 gr di pomodori 1 cipollina • 1 spicchio d'aglio 1 costa di sedano • 1 ciuffo di prezzemolo peperoncino • olio d'oliva

Pulire le aguglie eliminando testa, visceri, coda e pinne, tagliandole poi a pezzi lunghi circa 5 cm. Tritare la cipolla, il sedano, l'aglio, il prezzemolo, il peperoncino e soffriggerle con un po' d'olio; aggiungere poi le aguglie facendole rosolare per qualche minuto. A questo punto versare i pomodori, aggiustare di sale e cuocere piano per un quarto d'ora. Servire subito le aguglie caldissime.

Involtini d'aguglia

4 grosse aguglie a testa • pane grattugiato
30-50 gr di capperi • mezzo sedano
200 gr di olive bianche • 100 gr di pinoli
sale • pepe • olio • 100 cl di sammurigghiu
(preparato con origano, aglio a spicchi tagliati, sale, pepe, limone, olio, eventuale aggiunta di acqua calda e prezzemolo)

Pulire bene le aguglie, togliere la lisca lasciando unito il dorso. Aprire le aguglie con cerniera sul dorso e ottenere uno o due filetti interi. Pulire ed asciugare le aguglie. Amalgamare in una terrina pangrattato con capperi ed olive finemente triturate, aggiungere pinoli, sale pepe, un filo d'olio. Con il *composito* ottenuto infarcire le aguglie, arrotolandole in modo da ottenere involtini non voluminosi. Fermare gli involtini (5-6) con uno spiedino e cucinare alla brace su una griglia. A cottura avvenuta (la carne dell'aguglia diventa bianca) condire con *'u sammurigghiu.*

Boga fritta e – se avanza – marinata

(Paolo Ciolli)

800 gr circa di boghe nelle pezzature di circa 100-150 gr (e circa 1200 gr se si vuole avere avanzi da marinare)
farina q.b. • olio d'arachide per la frittura • 2 limoni • sale q.b.

A condizione che il pesce sia molto fresco e che le pezzature siano di congrua dimensione per le esigenze della frittura, pulire bene le boghe, togliendo le squame, le pinne e la coda. Lavare e mettere a scolare bene (condizione ottimale per la successiva frittura).
Infarinare bene i pesci e metterli nella padella in olio abbondante e ben caldo, avendo cura di girarli una volta, per condizionarli tutti quanti in adeguato calore.
Prendere i pesci, una volta fritti, scolarli sulla padella stessa e posarli su un vassoio di portata, sul quale si sarà collocato un foglio di carta assorbente, e servire in tavola, dopo avere posto sul vassoio i limoni tagliati a grossi spicchi.
Questa frittura sapida e fragrante richiede l'accompagnamento di molto pane fresco, del tipo frustina detta "di Vienna", ben cotta.
Gli intenditori ricorrono, per il vino, ad un bianco giovane, di buon corpo, di media gradazione (preferibile 11,5°), possibilmente toscano, servito a medio-bassa temperatura (sui 12°).
Con gli avanzi: la marinata (pag. seguente).

Marinata semplice di boghe alla livornese

(Paolo Ciolli)

Le boghe fritte avanzate sono deposte in una vaschetta di terracotta o di vetro e messe a marinare con l'aggiunta di un composto formato da aglio (lo spicchio è sezionato in sette o otto pezzetti), aceto, olio d'oliva e un pizzico di zucchero, e se volete anche del peperoncino di piccolo calibro, lasciato intero.
Lasciarle riposare in frigo per qualche ora e poi servire in tavola, presentando ai commensali anche un bel pane di campagna dalla crosta gagliarda e mollica intensa, e un fiasco di vino rosso giovane, gradi 12°, servito a temperatura adatta (15°).

Boga marinata a "scabeccio"[1]

(Paolo Petroni)

Ingredienti e note generali: vedere la ricetta "Boga fritta e, se avanza, marinata"

Anche secondo questa ricetta le boghe fritte sono collocate su carta assorbente e utilizzate quando si saranno adeguate alla temperatura ambiente.
Sono allora messe in una vaschetta di terracotta o di vetro e coperte con aceto bianco bollente, nel quale sarà stato sciolto del sale q.b..
Le boghe così condizionate sono guarnite con fettine d'aglio e foglioline di salvia e quindi lasciate riposare per circa 8 ore in luogo fresco.
In altra versione, l'aceto viene portato a bollitura dopo avervi messo un soffritto di aglio, rosmarino o cipolla e alloro, quindi versato sulle boghe fritte e trattato come sopra.

1 La parola "scabeccio" è un termine dialettale ligure che deriva da "scapece", a sua volta derivato dallo spagnolo "escabeche".

Boga al pomodoro

(Paolo Ciolli)

800 gr circa di pesce nelle pezzature più grandi possibili • 2 spicchi aglio 1 piccolo peperoncino 350 gr circa di pomodori maturi rossi o tipo "pelati" (usare privi di buccia e di semi) 1 cucchhiaio di prezzemolo tritato olio d'oliva • sale • pepe q.b.

Questa pietanza è da preparare a condizione che il pesce sia davvero fresco. Pulire le boghe, in una teglia soffriggere aglio e peperoncino, quindi aggiungere i pomodori tagliati a pezzettoni e poi adagiarvi i pesci. Salare e pepare.

Cuocere a fuoco intenso per qualche minuto e alla fine spargere il prezzemolo tritato, quindi portare in tavola.

Si tratta di una pietanza che esalta la carne soda, saporita e un po' selvatica della boga e nel contempo la coniuga con il "fattore pomodoro" e la rende sapidamente appetibile. Si consiglia di mettere in tavola parecchio pane, essendo la "scarpetta" una pratica molto seguita istintivamente dai commensali in questa circostanza.

Boghe al pesto

(Paolo Ciolli)

800 gr circa di boghe, in pezzature fra piccole e medie (fra 70 e 150 gr cad.) farina q.b. • olio d'arachidi per friggere qualche cucchiaio di olio d'oliva (per il pesto) 2 cucchiai di aceto bianco • 1 paio di spicchi di aglio • 1 peperoncino piccolo • 15 gr di pinoli • 15 gr di uvetta • sale • pepe q.b.

A condizione che le boghe siano fresche e non di grossa pezzatura, queste vanno pulite, squamate, sfilettate e deliscate attentamente, quindi lavate e messe a scolare.

Dopo averle infarinate vanno messe a friggere in una padella con olio bollente, quindi una volta fritte collocate su una carta assorbente per eliminare l'olio superfluo (ripetere se necessario altre volte questa operazione, per consentire il massimo spurgo dell'olio di frittura) e salate.

In una vaschetta di terracotta o di vetro sono, una volta raffreddate, deposte le boghe fritte con l'aggiunta di aceto bianco, olio d'oliva, aglio tritato a fettine, prezzemolo tritato, peperoncino sbriciolato, il pepe, i pinoli e l'uvetta (uva sultanina) ripresa in acqua tiepida.

Questo condimento impreziosisce il pesce povero rappresentato dalla boga. La marinata va servita preferibilmente non subito, ma dopo adeguato riposo in ambiente fresco, ma non troppo.

È una pietanza che va bene per antipasto e anche per contorno a secondi poveri di sapori e odori.

Boghe al sughetto

(Paolo Petroni)

8 boghe di circa 150 gr l'una
3 pomodori maturi o equivalenti se "pelati"
3 spicchi d'aglio • mezza cipolla
prezzemolo • mezzo bicchiere di vino bianco
1 limone • olio d'oliva • sale • pepe

Squamare e sventrare le boghe, eliminando le pinne (non le code), lavarle e asciugarle.
Inserire nel ventre sale, un filetto d'aglio e un ciuffo di prezzemolo.
Tagliare a fettine sottilissime la cipolla, stenderla sul fondo di una teglia o di una pirofila e cospargerla con un trito di aglio e prezzemolo.
Irrorare con 2 cucchiai d'olio d'oliva e con 4 cucchiai d'acqua e mettere nel forno caldo (o anche sul fornello). Quando poco dopo la cipolla avrà cominciato a diventare trasparente posizionare nel recipiente i pesci, con sopra i pomodori sbucciati e spezzettati e quattro fette molto sottili di limone tagliate in 4 parti (a croce).
Salare, pepare, bagnare con 8 cucchiai d'olio, con il mezzo bicchiere di vino e un altro mezzo bicchiere d'acqua (o di brodo di pesce, se disponibile), quindi cuocere a forno caldo (o a fuoco abbastanza vivace sul fornello) per circa 20 minuti, versando spesso sui pesci il sughetto che si forma durante la cottura.

Gattuccio alla burrida[1]

1 o 2 gattucci per un peso fra 1000 e 1500 gr
olio di oliva • prezzemolo • aglio
noci • aceto • sale • pane grattugiato

Si taglia a pezzi e si pulisce il gattuccio; dopo averlo spellato e tagliato a tranci, si fa lessare in acqua salata insieme al fegato.
Quando tutto è cotto si pesta il fegato con un po' di noci.
Poi si fa un soffritto con olio d'oliva, prezzemolo e aglio, cui si unisce il fegato con le noci. Si fa cuocere ancora un poco e lo si unisce caldissimo al gattuccio.
Quando tutto è freddo si prepara una salsa densa con aceto e pane grattugiato, che si versa sui tranci di gattuccio.
Lasciar riposare il tutto, in modo che s'impregni dei vari sapori, almeno per dodici ore in un recipiente coperto. Si può servire a temperatura ambiente, se non lo si vuole prima riscaldare a vapore.

1 Termine dialettale, con il quale si qualificano nelle regioni settentrionali alcune pietanze a base di pesci lacustri e/o fluviali.

Ghiozzo fritto

800 gr di ghiozzi • olio di arachidi
farina • sale q.b. • 1 limone

Squamare i ghiozzi, eviscerarli[1], lavarli. Dopo averli ben scolati, infarinarli e sgrondarli per rimuoverne la farina in eccesso.
Immergerli nella padella con olio bollente e abbondante e friggerli per qualche minuto. Poi toglierli e depositarli su un vassoio ricoperto di carta gialla o assorbente, dove saranno salati (moderatamente).
Servirli ben caldi, spruzzandoli – solo se lo si vuole – di limone strizzato.

1 Se sono di piccola taglia (fino a sei o sette cm. di lunghezza) non sono pochi quelli che li squamano alla bell'e meglio e li gettano in padella senza eviscerarli, nella considerazione che le viscere sono piccole e non discriminabili al palato dopo la frittura.

Ghiozzo in teglia

800 gr di ghiozzi in pezzature
medio-grandi (da una decina di cm in su)
aglio • olio di oliva • peperoncino
sale • vino bianco q.b.

Dopo aver pulito il pesce (squamato, eviscerato) e lavatolo bene, gettarlo in una teglia con olio d'oliva, due o tre spicchi d'aglio tritati, uno o due peperoncini spezzettati e senza semi, un terzo di bicchiere di vino bianco, qualche spruzzata di sale, e cuocerlo per qualche minuto a fuoco vivace.
Secondo alcuni autori, non appena si vede evaporare il vino si può mettere quattro o cinque pomodorini del tipo "ciliegino" sbucciati, senza semi e spezzettati ciascuno in cinque o sei porzioni.
È prudente nel mangiarlo fare attenzione alle numerose lische di questo pesce, che ha – nonostante l'apparenza (e la credenza) – carne fine, delicata e saporita.

Spaghetti ai granchi di rena

(Paolo Petroni)

circa 500 gr di granchi di rena freschi
(meglio se ancora qualcuno si muove)
350 gr di spaghetti • 300 gr di pomodori,
maturi rossi o pelati • 2 spicchi d'aglio
prezzemolo • olio d'oliva • sale • peperoncino

Sciacquare i granchi e lessarli in un litro d'acqua salata, a fuoco lento.
Dopo la cottura eliminare tutte le zampe e – infilando un coltello in mezzo agli occhi – scoperchiarli gettando via la corazza superiore.
Pestare in un mortaio ciò che resta dei granchi e passare la poltiglia al passatutto (preferire il disco fine), aiutandosi con un po' del brodo di cottura.
In un tegame rosolare un trito di prezzemolo e aglio e, appena questo comincia a prendere colore, unirvi i pomodori sbucciati e tagliati a pezzetti e quindi la crema di granchi, tenuta nel frattempo molto liquida col brodo di cottura.
Salare, mettere il peperoncino spezzettato e per circa 15 minuti cuocere a fuoco non troppo vivace, facendo attenzione che la salsa resti sempre fluida: se dovesse addensarsi troppo, diluire con l'aggiunta di un po' del brodo di cottura dei granchi.
Intanto, cuocere gli spaghettini a metà, scolarli, passarli nel tegame col sugo e strascicarli finchè non saranno pronti cotti al dente e ben impregnati di salsa.
Si tratta di una pietanza insolita e squisita, che può essere a caldo rifinita con una spruzzata di prezzemolo tritato, qualora all'assaggio non risulti già di per sé venata di amarognolo.

Variante: con la stessa modalità si può ottenere un ottimo risotto, da tirar su adoperando riso adatto da versare – senza preventiva mezza cottura – nella salsa molto diluita e tenuta in tale stato con l'aggiunta continua del brodo di cottura dei granchi, fino a quando il risotto non sarà pronto alla consumazione. (Red.)

Mezze maniche di frate al grongo

(Paolo Ciolli)

1 grongo di circa 600-700 gr
350 gr di pasta di mezze maniche
circa 300 gr di pomodori freschi del tipo "ciliegino" • 2/3 cucchiai di passata di pomodoro o 2 di concentrato
2 scalogni • 1 carota di piccola dimensione
mezza costa di sedano • 1 cucchiaio di prezzemolo • 1 pezzetto di peperoncino
mezzo bicchiere di vino bianco
olio d'oliva • sale • pepe q.b.

Pulire il pesce, eliminando testa e coda dall'orifizio anale in giù, spellarlo, lavarlo e tagliarlo a tronchetti.
In una teglia o casseruola soffriggere con attenzione e a fuoco lento gli odori tritati (scalogni e carota, costa di sedano, peperoncino) e lo spicchio d'aglio (lasciato intero, perché da scartare al termine del soffritto).
Sul soffritto adagiare i tronchetti di pesce, da cuocere per una decina di minuti, quindi da bagnare col vino bianco, che si farà ritirare.
Scolare il pesce su un piatto, toglierne le lische e predisporne la polpa per la successiva fase.
Parallelamente, si sarà fatta cuocere la pasta ben al dente, e a quel punto scolarla e passarla in acqua fredda, per arrestarne la cottura e raffreddarla per poterla maneggiare.
Con l'aiuto di una sacca da pasticcere trasferire la pasta di polpa di pesce dentro le singole mezze maniche, fino a completamento.
Nella teglia o casseruola di cottura degli odori e del pesce mettere i pomodorini tagliuzzati a spicchietti, mescolare tutto col pomodoro concentrato o passato, far prendere il bollore per qualche minuto, quindi calarci le mezze maniche riempite, aggiustare con olio d'oliva, sale e pepe, spolverare a fine cottura col prezzemolo tritato e togliere dal fuoco.
Portare in tavola e accompagnare con vino rosso, fresco, non troppo forte (massimo 12°), a temperatura di non oltre 15-16°.

Risotto al grongo

(Paolo Petroni)

300 gr di riso per risotti
1 o 2 gronghi piccoli, per un peso complessivo di circa 600-700 gr[1]
2 spicchi d'aglio • prezzemolo q.b.
olio d'oliva • sale • pepe bianco in grani

Pulire il pesce, eliminando testa, pinne e coda, ed eviscerandolo. Dopo averlo ben lavato si taglia a tranci lunghi circa 4-5 cm.
I tranci sono quindi lessati per circa quindici minuti in un litro di acqua salata, dove a fuoco spento sono lasciati stemperare per un po' di tempo. Questo consente di procedere alla eliminazione delle lische centrali rimaste nei tranci e di ridurli a poltiglia.
Non gettare l'acqua di bollitura.
Infatti in una pentola si fanno rosolare gli spicchi d'aglio interi in otto cucchiai d'olio e appena quelli imbiondiscono si unisce la polpa del grongo: si fa insaporire e poi si aggiunge il riso.
Si fa cuocere il tutto aggiungendo a intervalli adeguati il brodo di cottura del pesce.
Il prezzemolo, tritato, è cosparso sul risotto quando questo sta per essere tolto dal fuoco.
Sul riso appena passato nel vassoio di portata va sparso il pepe bianco, macinato sul momento.

Variante: *Se si vuole, si può aggiungere al soffritto, prima dell'aggiunta della polpa di grongo, del pomodoro rosso maturo, sbucciato e senza semi e tagliato a pezzettoni, nella misura di circa due etti: prima di mettere la polpa del pesce sarà opportuno far "legare" aglio ed olio col pomodoro.*

1 Le dimensioni qui considerate sono quelle di uno o due pesci piccoli, di qualche etto di peso: in relazione ai quali si deve osservare che lo scarto (testa, pinne e coda, o a dir meglio la parte che dall'apertura anale va alla coda) è abbastanza consistente. Pertanto si è calcolato che il peso residuo netto della carne utilizzabile per la ricetta debba aggirarsi sui 300 gr circa. La presente valutazione è comune a tutte le altre ricette di questo libro che hanno per oggetto il grongo.

Grongo in teglia

(Paolo Ciolli)

2 o 3 gronghi per un peso complessivo
di circa 1000-1200 gr
mezzo bicchiere di vino bianco • olio d'oliva
farina • sale • peperoncino q.b.
1 cucchiaio di pinoli tostati
1 manciata di olive tostate (passate al forno)
1 manciatina di capperi sott'aceto
pomodori rossi maturi o del tipo pelati
2 o 3 spicchi d'aglio
pane di campagna q.b.

Pulire e trattare il pesce (seguire le avvertenze date nella ricetta "Risotto al grongo"), lavarlo, sezionarlo in pezzi di circa 2 cm.
In una padella adagiare i pezzi con olio, aglio e peperoncino, versarvi a poco a poco del vino bianco, far stufare a fuoco medio-vivace, quindi aggiungere il pomodoro senza bucce e semi, tagliato a pezzettoni, le olive nere, i pinoli e i capperi. Salare e far cuocere ancora un dodici-quindici minuti e subito dopo, spento il fuoco, adagiare la pietanza su un vassoio di portata, cospargendola di un filo d'olio d'oliva.
Le rondelle di pesce col loro intingolo possono essere servite su fette di pane di campagna tostate e leggermente agliate: questa è la soluzione raccomandata.
Accompagnare con vino rosso giovane, gradazione non superiore ai 12°, a temperatura inferiore a quella ambientale, ma non di molto (14-15°).

Spiedino di grongo

(Paolo Petroni)

2 gronghi di circa mezzo kg ciascuno
pangrattato, pane da crostini
alloro • vino bianco • olio d'oliva
sale • pepe q.b.

Pulire e trattare il pesce (secondo quanto precisato nella ricetta "Risotto al grongo"), tagliarlo lateralmente in pezzi (anelli) di circa 4-5 cm.
Unti moderatamente d'olio, i pezzi sono rotolati nella farina e infilati in uno spiedino, alternandoli con crostini di pane e una foglia d'alloro.
Cuocerli allo spiedo (o anche in forno) bagnandoli, ogni tanto, con una salsetta fatta di poco olio, vino bianco, sale e pepe.

Latterini o crognolini fritti

500 gr di pesce • farina
olio di arachide • sale • 1 limone

Lavarli, scolarli bene, tuffarli nella farina e poi sgrondarli di quella assorbita in eccesso.
Tuffarli, una manata abbondante alla volta, nell'olio della padella ben caldo e abbondante, e friggerli (uno o due minuti e son pronti).
Depositarli su un foglio di carta gialla o assorbente, perché sia perso quanto più possibile l'olio di cottura.
Se sono subito serviti in tavola, croccanti e ben caldi, li si può spruzzare di limone, se si vuole, anche se alcuni preferiscono non farlo.
Se invece non vanno subito in tavola, dopo qualche minuto toglierli dal foglio di assorbimento e deporli su un vassoio (sul quale si potrà aver collocato anche un secondo nuovo foglio assorbente).

Murena fritta

1 porzione di murena spellata
di circa 600 gr • farina
1 paio di spicchi d'aglio • salvia
sale • pepe • olio d'arachide

Pulire il tronco di pesce (eviscerandolo se non già fatto), asportando anche la nervatura della spina dorsale, lavare e asciugare.
Con un coltello molto affilato tagliare il tronco a fettine molto sottili, neppure mezzo cm, infarinarle e friggerle con una padella in olio bollente, al quale si è aggiunto la salvia e gli spicchi d'aglio (questi ultimi vanno scartati non appena prendono colore).
Servire le fette di murena fritte ben calde, croccanti e salate appena scolate.

Nota: *La murena è un pesce di ragguardevoli dimensioni (è lunga circa un metro) e la sua utilizzazione in cucina è da tempo in palese regresso, poiché difficile ne è il trattamento (ormai svolto solo da ristoratori esperti) e troppo rilevante la dimensione per le esigenze di una singola famiglia. La sua carne è grassa e in ogni caso va spellata.*
La ricette reperibili sono pertanto da condizionare alle esigenze di un attuale eventuale impiego in cucina. Pertanto si è pensato ad un acquisto di questo pesce rapportato alle esigenze di un nucleo familiare normale e riferito ad una porzione già depurata della pelle e della sottopelle.

Occhiate agli odori forti

(Paolo Ciolli)

4 occhiate da almeno 250-300 gr.
oppure 8 occhiate da almeno 100-150 gr
4 spicchi d'aglio • olio d'oliva
Sale • peperoncino q.b. • rosmarino
salvia e alloro (in moderata quantità)

Squamare, eviscerare e lavare i pesci. In una teglia o padella soffriggere gli spicchi d'aglio e il peperoncino in olio d'oliva, unendovi un trito (molto poco, per non fare *violenza* alla successiva cottura delle occhiate) di rosmarino, salvia e alloro, salare e aggiungere subito dopo i pesci.
Questi vanno girati almeno una volta, usando la massima delicatezza, trattandosi di pesci suscettibili di disfarsi facilmente all'azione del fuoco. Il tempo di cottura, appunto perché la carne delle occhiate è delicata e fine, è di pochi minuti.
Servire in tavola con un contorno di verdure saltate in padella: bietola, spinaci, al limite anche cavolo nero.

Occhiate al pomodoro

(Paolo Ciolli)

Nota preliminare: Questa è una versione adattata quasi pari pari dalla ricetta data per gli "Spaghetti alle occhiate": nel senso che la preparazione è la medesima, sol che si abbia l'accortezza (e la fortuna) di trovare occhiate del peso individuale – almeno – di oltre due etti, per un complessivo di circa 1 kg, che semplificano la preparazione, la quale consiste – nella fase più delicata, difficoltosa ma importante – nella deliscatura del pesce cotto in padella o teglia. Nel corso della deliscatura la carne dell'occhiata, pesce molto fine, delicato e saporito, ma liscoso, si ripartisce inevitabilmente in pezzetti più o meno grossi. E perché si possano apprezzare come secondo piatto è pertanto necessario che non si formi una poltiglia, ma al limite una appetitosa compagine di pezzetti, che non sconcerti la vista del commensale.

Preparazione: in padella o in teglia, come si è detto per la ricetta sopra richiamata.

Accompagnare in tavola con del buon vino rosso giovane, massimo 12°, a temperatura inferiore a quella ambientale, e cioè sui 14-15°.

Spaghetti alle occhiate

(Paolo Ciolli)

3 occhiate di circa 200-300 gr cad,
per un peso complessivo fra 600 e 900 gr
320 gr di spaghetti • circa 400 gr
di pomodori rossi maturi o del tipo "pelati"
2 o 3 spicchi d'aglio • olio d'oliva
sale • pepe fresco • peperoncino
1 manciata di prezzemolo tritato

Pulire le occhiate, squamarle, eviscerarle, lavarle.
In una padella o teglia fare insaporire aglio, olio e peperoncino. Unire il pomodoro sbucciato e senza semi, a pezzettoni, far "legare" gli ingredienti a fuoco vivace, salare e poi adagiarvi le occhiate. Cuocere ponendo il coperchio sul recipiente.
A cottura ultimata togliere i soli pesci, ad uno ad uno, dalla padella e aprirli, facendo bene attenzione a togliere tutte le lische. Restituire i pesci deliscati, ridotti ormai a pezzetti, al sugo.
Nel frattempo si sarà portato gli spaghetti a metà cottura: scolarli e immergerli nel sugo lasciato nella padella (o teglia). Non gettare via tutta l'acqua di bollitura della pasta.
Lasciarli cuocere del tutto, allungando la salsa con l'acqua di cottura, se necessario.
Disporre sul vassoio di portata e servire.
Prima del passaggio ai piatti dei commensali cospargere la spaghettata fumante con una leggera spruzzata di prezzemolo tritato e di pepe grattugiato.

Salpe in crudità

(Paolo Ciolli)

2 o 3 salpe fresche per complessivi 600-700 gr,
pescate nel periodo inverno-primavera
30-40 gr di sale • 15 gr. zucchero
Per la salsa: *2 filetti di acciughe*
1 cucchiaio di capperi sott'aceto
1 cucchiaio tritato di prezzemolo
1 spicchio di aglio • 1 pezzetto di scalogno
1 limone (da strizzare) • olio d'oliva
sale • pepe (o peperoncino) q.b.

Pulire le salpe, togliendo testa, coda, squame, pinne e lische ed ovviamente eviscerandole; quindi sfilettarle (lasciando la pelle), asciugarle e tagliare i filetti a fettine sottilissime (come avviene per il carpaccio).
Battere queste fettine (preferibile farlo dopo avere steso le fettine fra due fogli di carta trasparente per alimenti) e metterle infine sotto sale, con un poco di zucchero.
Dopo cinque o sei ore, dopo averle depurate del sale residuo, metterle in una terrina e versarvi la salsa (di cui appresso è detto) e dopo aver fatto legare portare in tavola, preferibilmente come antipasto.
La salsa è ottenuta tritando col coltello i filetti d'acciuga, i capperi, il prezzemolo, poco aglio e lo scalogno, con l'aggiunta di olio, di una spruzzata di limone, del sale (accertare che davvero ne occorra) e del pepe (come variante, è l'aggiunta di peperoncino senza semi e tritato, in giusta misura).

Salpe in padella

(Paolo Ciolli)

4 salpe fresche da 300-350 gr
pescate nel periodo inverno-primavera[1]
farina q.b. • 4 spicchi d'aglio
1 cima di rosmarino
3/4 di bicchiere di vino bianco
olio d'oliva • sale • pepe q.b.

Pulire le salpe, togliendo testa, coda, squame, pinne e lische ed ovviamente eviscerandole; quindi sfilettarle (lasciando la pelle), asciugarle e infarinarle.
Depositare i filetti infarinati in una teglia a cuocerle a fuoco vivace con poco olio, aglio e rosmarino.
Non appena i filetti si saranno come arrotolati (per il contrasto fra i tessuti della pelle e della carne) mettere sale, pepe, prezzemolo tritato e un rametto di rosmarino e allungare il sugo che si forma con del vino bianco, facendolo sfumare, fino a cottura.
Con questa pietanza sta bene un contorno di fagioli bianchi – preferiti i tondini – lessati in poca acqua con uno spicchio d'aglio, sale, peperoncino, uno o due pomodorini del tipo *ciliegino* e qualche foglia di salvia; e dopo cotti (sobbollirli, non bollirli!) condirli con olio d'oliva intenso e giovane.

1 In questo periodo l'odore della carne delle salpe – che costituisce il motivo determinante della poca richiesta sul mercato – è meno intenso e il consumo di questo pesce accettabile.

Salpe sotto pesto

(Paolo Ciolli)

600-700 gr di salpe fresche, di piccola taglia,
pescate nel periodo inverno-primavera
olio d'arachide per friggere
2-3 cucchiai di aceto bianco
farina, q.b. • 1 cucchiaio tritato di prezzemolo
olio d'oliva • sale • peperoncino q.b
un poco di rosmarino • 1 foglia d'alloro

Pulire le salpe eviscerandole e togliendo squame e pinne. Asciugarle.
Dopo averle infarinate, friggerle in padella con olio d'arachide a bollore.
Nel frattempo, preparare il pesto con un trito di aglio, peperoncino, sale, una foglia d'alloro, un poco di rosmarino, il prezzemolo e l'aceto di vino bianco e saltare il tutto in padella.
Versare il pesto riscaldato sulle salpe fritte, deposte in una terrina o una pirofila.
A questo punto la pietanza può essere servita, accompagnata da buon pane.
Se ne avanza, può essere conservata a temperatura ambiente per due o tre giorni (come usava un tempo quando non erano ancora in uso i frigoriferi).
Questo piatto può essere accompagnato da una polentina di farina di granturco o meglio ancora da ceci lessati. In questo caso, tenere a bagno i ceci (acquistati secchi) per ventiquattr'ore, mettendo nell'acqua anche una punta di bicarbonato. E poi cuocerli a fuoco basso. Servirli con olio d'oliva e una spruzzata di pepe nero macinato.

Saor[1]

(Accademia Italiana della Cucina)

800 gr di sarde fresche
2 cipolle medio-grosse del tipo "Tropea"
1 manciata di uva passita, di pinoli
e qualche foglia di alloro
1 decilitro di aceto di vino bianco
olio di oliva • Sale

Pulire le sarde, eviscerandole e lasciando testa e coda. Lavarle e asciugarle bene.
Infarinarle a friggerle in olio di oliva bollente. Appena a cottura raggiunta, depositarle su carta assorbente da cucina e salarle moderatamente. A parte, tagliare le cipolle a fettine sottili, infarinarle e friggerle.
Intanto, le sarde sgrondate dell'olio della frittura saranno state collocate in una terrina, possibilmente in un solo strato.
Coprire le sarde con le fette di cipolla fritta, spargervi sopra l'uvetta e i pinoli[2] e qualche foglia d'alloro, quindi versarvi l'aceto.
Lasciar riposare per almeno 24 ore. Questa pietanza si conserva per diversi giorni.

1 Si tratta del piatto tipico dell'antica gastronomia veneziana, probabilmente elaborato dalla popolazione di Chioggia, chiamato anche "savore". Era il cibo dei marinari della Repubblica veneziana e divenne importante ed anche famoso, perché li preservava dallo scorbuto e da altre malattie, oltre ad apportare loro nutrimento essenziale. Ciò era dovuto alla circostanza che le cipolle sono ricche di vitamine e la carne delle sarde di proteine e olio determinante per la nutrizione umana. La ricetta è analoga a quelle di altre località di mare, verso le quali può avere avuto quasi certamente una funzione di influenza.

2 Nella versione moderna, la ricetta abbandona l'impiego dell'uvetta e dei pinoli.

Pasta con le sarde

320 gr di maccheroncini[1]
320 gr di sarde fresche • 2 spicchi di aglio
50 gr di olio d'oliva • 40 gr di pangrattato
1 manciata di uvetta e un'altra di pinoli
sale • pepe o peperoncino

Pulire le sarde (togliere la testa, la coda e le spine), cercando di tenere uniti i due filetti con la pelle del dorso, quindi metterle in un tegame con acqua fredda, portare a bollore e togliere dal fuoco. Scolare.
In un tegame scaldare l'olio con l'aglio schiacciato, togliendolo quando questo diventa scuro; quindi aggiungere le sarde, spruzzandole subito con sale e pepe (o peperoncino) ; quindi unire l'uvetta (fatta rinvenire in acqua tiepida), i pinoli spezzettati, infine il pangrattato, rosolato a parte con un goccio d'olio.
Bollire la pasta, scolarla quando è al dente, gettarla subito nel tegame dove è stato preparato il composto, scaldare un momento, mescolando bene, quindi servire.

Variante: *Alcune ricette inseriscono anche il pomodoro, che è aggiunto nella fase di cottura delle sarde; per una ricetta del tenore sopra trascritto è prevista una quantità di pomodoro fresco – preferibile - di 200 gr, meno se si tratta di pomodoro in bottiglie del tipo "passata".*

1 Si può impiegare pasta corta o pasta lunga: qui è presentata la versione coi maccheroncini, secondo la ricetta originale.

Sarde a beccafico

750 gr di sarde fresche • 90 gr di pangrattato
40 gr di formaggio pecorino fresco grattugiato
4 o 5 filetti di acciughe (ben lavate)
1 manciata di uvetta e una di pinoli
1 manciata di prezzemolo
qualche foglia di alloro • olio d'oliva
sale • pepe o peperoncino

Pulire le sarde, togliendo teste, coda e spine, cercando di tenerne uniti i filetti per la pelle del dorso, e lavarle accuratamente. Dopo aver lavato i filetti di acciughe, tagliarli a pezzetti molto minuti.
Mescolare due cucchiai di pangrattato, rosolato prima in un po' d'olio, col prezzemolo tritato, i pezzettini di acciuga, l'uvetta (fatta prima rinvenire in acqua tiepida), i pinoli tritati e il pecorino grattugiato, aggiungendo sale e pepe o peperoncino (alcune fonti al momento della rosolatura del pangrattato con l'olio aggiungono uno spicchio d'aglio, da togliere prima di fare l'impasto).
Si ottiene un impasto che si pone sui filetti di sarde aperti; successivamente si arrotolano i filetti così ricoperti, a mo' di involtini, da chiudere con refe o con stecchini di legno.
Disporre questi involtini in una teglia unta d'olio, inframezzandoli con foglie di alloro, e cospargerli col pangrattato, quindi bagnare con olio e mettere in forno.

***Variante:** si può passare gli involtini nel pangrattato e friggerli in olio bollente.*

Sarde a scapece

(Accademia Italiana della Cucina)

800 gr sarde fresche • farina
foglie di menta fresca • 2 spicchi d'aglio
2 peperoncini • olio d'oliva
aceto bianco • sale

Pulire le sarde, staccando la testa e, apertele prima sul ventre, deliscarle. Lavarle e porle ad asciugare accuratamente.
Infarinarle – cercando di richiuderle a libro – e friggerle in una padella con olio d'oliva bollente.
Una volta cotte, scolarle bene e deporle su carta gialla o da cucina assorbente e lasciarle scolare bene (se la carta s'impregna parecchio, sostituirla).
Mettere sul fuoco una casseruola o una teglia con l'aceto (160 gr), gli spicchi d'aglio, le foglie di menta ed i peperoncini sbriciolati, salare ed aumentare il fuoco.
In una terrina sistemare le sarde l'una a fianco dell'altra e coprirle subito dopo con il liquido d'aceto e d'altri ingredienti nel frattempo preparato e bollente.
Coprire la terrina e conservare in luogo fresco per almeno una giornata, prima di servire.

***Nota:** Si tratta di una preparazione classica, che può essere considerata sia un antipasto sia una "merenda" sia infine – come del resto è nata – una pietanza ("seconda portata") molto saporita e nutriente.*

Sarde alla bastata

750 gr di sarde fresche • 45 gr di capperi
150 gr di pangrattato • 2 spicchi d'aglio
1 manciata di prezzemolo • olio di oliva
sale • pepe o peperoncino

Pulire le sarde (togliendo la testa, la coda e le lische), cercando di tenere uniti i due filetti per la pelle del dorso, lavarle e metterle a scolare.

Preparare un ripieno, mescolando aglio e prezzemolo tritati, capperi, pangrattato, pepe (o peperoncino tritato) e olio, amalgamando il tutto.

Ungere d'olio una teglia, spruzzare il fondo di pangrattato, quindi disporre uno strato di sarde, aperte, coprendole con uno di ripieno; disporre ancora uno strato di sarde, e quindi sopra un altro di ripieno: ripetere una terza disposizione di strati, fino a consumazione dei preparati (sarde e ripieno). Sopra l'ultimo strato di ripieno spolverare ancora pangrattato e versarvi sopra un filo d'olio.

Mettere in forno per venti minuti, a fuoco vivo, ma non troppo. Si può anche effettuare la cottura sul fornello.

Sarde alla griglia

800 gr di sarde • olio d'oliva • sale

Aprire le sarde, pulirle internamente, togliere la testa e le spine lasciando le due metà attaccate con la pelle del dorso e la coda.

Metterle a cuocere sulla griglia, la pelle appena unta d'olio. Alla fine spruzzare di sale.

Nota: La griglia, che non deve essere a maglia troppo larga, può essere servita da una resistenza elettrica oppure da combustibile vegetale (brace). In alternativa alla griglia le sarde possono essere cotte anche su una piastra. Infine, alcuni Autori suggeriscono di deporre sopra le sarde messe alla griglia delle cimette di rosmarino.

Cotolette di acciughe o sarde

750 gr di sarde o acciughe
2 uova • 1 spicchio d'aglio • 2 cucchiai di parmigiano grattugiato e 2 di pangrattato
1 manciata di prezzemolo
olio d'oliva • sale • pepe o peperoncino

Pulire il pesce (togliendo la testa, la coda e le lische), cercando di tenere uniti i due filetti per la pelle del dorso[1]; lavare mettere a scolare.
Mescolare insieme parmigiano e pangrattato con aglio e prezzemolo tritati finemente, sale e pepe (o peperoncino tritato).
Passare i filetti nell'uovo sbattuto. E poi nel miscuglio in precedenza preparato.
Friggerli in olio bollente

1 per agevolare questa operazione, alcuni preferiscono non staccare la coda, che serve ad agevolare appunto l'attacco per la pelle e per parte della carne fra i due filetti ottenuti dalla pulizia e deliscatura del pesce.

Tagliolini mare e monti

(Accademia Italiana della Cucina)

250 gr di tagliatelline all'uovo
160 gr di sarde fresche • 2 acciughe sott'olio
300 gr di pomodori di "pelati"
120 gr di funghi coltivati prataioli (se non si trovano, usare in alternativa i pioppini)
mezza cipolla di piccola dimensione
aglio • prezzemolo • peperoncino • sale
mezzo bicchiere di vino bianco • olio d'oliva

Pulire le sarde togliendo testa, lische e la pelle che viene via, lavarle e con le dita spezzettarle minutamente. In un tegame mettere a soffriggere con l'olio la cipolla affettata; quando questa imbiondisce, aggiungere le acciughe spezzettate, l'aglio e il prezzemolo tritati, le sarde, il sale e il peperoncino privato dei semi e spezzettato. Far rosolare e poi aggiungere il vino bianco, facendolo evaporare in cottura.
Nel frattempo, in una padella trifolare con olio d'oliva i funghi tagliati a pezzetti con aglio, prezzemolo, sale e pepe. Aggiungere quindi i funghi trifolati al contenuto del tegame e poco dopo unire il pomodoro tagliato a listelle: far cuocere per circa trenta minuti.
Non appena si giudica pronta la salsa, scolare dalla pentola, dove saranno stati messi a bollire, i tagliolini, quasi al dente, e versarli in una padella, dove si unirà la salsa: saltare un poco, cospargendo tutto con prezzemolo finemente tritato, e ben calda servire la pietanza in tavola.

Sciarrano o boccaccia al pomodoro

(Paolo Ciolli)

almeno 1 kg di pesce, nelle pezzature
più grandi che si riesce a trovare
400 gr di pomodori o pelati • 1 peperoncino
1 cipolla piccola • 1 paio di spicchi d'aglio
1 manciata di prezzemolo tritato
mezzo bicchiere di vino bianco
olio d'oliva • sale • pepe q.b.

Pulire il pesce, che è chiamato sciarrano o boccaccia *(o anche zerola, barchetta...)*, togliendogli anche le pinne e la coda (in alcune fonti se ne consiglia anche la deliscatura e l'asportazione della testa).
Preparare un battuto di cipolla, aglio e peperoncino, cominciare a soffriggerlo in una teglia con olio in giusta misura, allungare con il vino bianco e quando questo evapora aggiungere i pomodori senza buccia tagliati a pezzettoni. Coprire la teglia e lasciar cuocere per una decina di minuti.
A questo punto aggiungere gli sciarrani, lasciar cuocere ancora un sette-otto minuti, salare, passare un filo d'olio e il prezzemolo tritato, spengere e servire in tavola.
È consigliato un vino rosso giovane, di gradazione moderata (11- 11,5°), servito a temperatura media (circa 15 gradi).

Crostini alla crema di scorfano

(Paolo Ciolli)

4-5 etti di piccoli scorfani (scorfanotti)
300 gr di pane da tostatura
2 pomodorini del tipo "ciliegino"
prezzemolo • 1 spicchio d'aglio • sale
1 punta di peperoncino • olio d'oliva

Pulire i pesci, eviscerandoli, tagliando gli aculei e lavandoli.
Farli bollire con gli odori, un paio di pomodorini del tipo "ciliegino", il sale e una puntina di peperoncino.
Appena cotti, togliere accuratamente le lische e passarli col passatutto.
Se ne ottiene una crema molto gradevole, da stendere generosamente su crostini di pane tostato, sui quali una volta preparati si passerà un filo di olio a crudo.

Minestra in brodo di sparaglione o sparlotto[1]

(Paolo Ciolli)

3 o 4 sparaglioni per un peso complessivo di circa 800 gr • prezzemolo • sale • peperoncino

Pulire il pesce, squamandolo, eviscerandolo e lavandolo.
Farlo bollire a fuoco prima vivace e poi normale in acqua nella quale si saranno messi un po' di prezzemolo, sale e un pizzico di peperoncino, facendo attenzione al fatto che, trattandosi di una specie ittica dalla carne molto delicata, il tempo di cottura è breve.
Appena cotto, togliere il pesce, deliscarlo (facoltativo) e passarlo col passatutto. Quindi reimmergere l'impasto così ottenuto nell'acqua di cottura, cui si farà riprendere per un poco il bollore, per meglio amalgamare il brodo. Prima di spengere il fuoco, accertare che sia giusto di sale.
Questa minestra può essere servita così com'è, oppure completata con della pasta da brodo cotta nello stesso liquido.

1 Questo pesce, che ha dimensioni medio piccole (raggiunge al massimo i due-tre etti), ha carni profumate e poco consistenti, che mal si adattano a cotture tradizionali. È indicato per l'impiego in minestre brodose anche con altri pesci, cui conferisce fragranza.

Sparaglione o sparlotto al piatto[1]

(Paolo Ciolli)

4 sparaglioni (o sparlotti) da circa 300-350gr cad • 1 punta di peperoncino, o 1 piccolo 1 spicchio di aglio • 2 cucchiai di vino bianco prezzemolo • 1 cimetta di rosmarino olio d'oliva • sale • pepe q.b.

Pulire i pesci, squamandoli, privandoli delle interiora e lavandoli.
Stenderli su un piatto da cucina e trattarli con sale, olio, aglio e peperoncino, prezzemolo e rosmarino, aggiungendo il vino bianco. Nel frattempo far scaldare acqua in una pentola e quando sarà a bollore poggiarvi il piatto e far cuocere a vapore il pesce, curando che questo sia coperto. A metà cottura va girato.
A parte, far lessare delle patate, tagliarle a rondelle sottili e saltarle con poco olio d'oliva in una padella antiaderente fino a quando non prenderanno un bel colore dorato.
Servire i pesci su un vassoio con l'aggiunta del sugo di cottura e con il contorno di patate così preparate.
Accompagnare con vino bianco, consigliabile la Vernaccia di San Gimignano, di due o tre anni, servita a temperatura adatta, non superiore a 12°.

1 Questa ricetta è stata fornita per due persone, poiché prevede la cottura a vapore del pesce, disposto su un piatto molto resistente, che ne può ospitare normalmente solo un paio. Per 4 persone, si consiglia di procedere alla esecuzione contemporanea della ricetta su due piatti. (Red.)

Penne al sugarello

2 o 3 sugarelli per complessivi 400 gr mezza melanzana • 320 gr di penne 200 gr di pomodori maturi rossi o "pelati" 2 spicchi d'aglio • prezzemolo • olio d'oliva sale • peperoncino

Pulire i pesci, ricavandone dei filetti. Poiché la carne del sugarello – a somiglianza di quella dello sgombro – è un po' "pesante", per agevolarne la cottura e la successiva digestione conviene immergere i pesci, una volta puliti, in acqua bollente, per un paio di minuti, quindi toglierli e impiegarli come segue.
I filetti di pesce sono tagliati a tronchetti non spessi e tenuti pronti. In una padella rosolare in olio d'oliva la melanzana tagliata a pezzetti per una decina di minuti. Scolare e stendere su un foglio di carta assorbente perché questi perdano quanto più possibile l'olio di cottura. In una teglia con l'olio d'oliva rosolare un trito di aglio, prezzemolo e peperoncino, quindi allorché l'aglio si colora aggiungere le melanzane e il pomodoro (privato di bucce e di semi) a pezzetti; lasciare cuocere per qualche minuto a temperatura prima sostenuta e poi lenta, quindi aggiungere il pesce e a fuoco quasi vivace; portare a cottura definitiva in dieci-quindici minuti. Prima di togliere la teglia dal fuoco cospargere il sugo con prezzemolo tritato, gettarvi le penne in precedenza bollite al dente, scaldare per un minuto e servire in tavola.

Sugarelli al pomodoro

(Paolo Petroni)

3 o 4 sugarelli per complessivi gr. 800-900 circa • 400 gr di pomodori maturi rossi o "pelati" • mezzo bicchiere di vino bianco 2 spicchi d'aglio • prezzemolo peperoncino • olio d'oliva • sale q.b.

Pulire i pesci, togliendo le pinne, le squame e le interiora, ma lasciando la coda.
Poiché, come lo sgombro (o lacerto), la carne di questo pesce è un po' "pesante", cioè un poco indigesta, per agevolarne la cottura e la successiva digestione conviene immergere i pesci, una volta puliti, in acqua bollente, per un paio di minuti, quindi toglierli e impiegarli come segue.
In una teglia far rosolare, con cinque o sei cucchiai d'olio d'oliva, un trito d'aglio, prezzemolo e peperoncino (spezzettato e senza semi): quando l'aglio avrà cominciato a prendere colore aggiungere il vino bianco, fare evaporare e aggiungere i pomodori a pezzetti. Salare e cuocere per qualche minuto, quindi unire i pesci e continuare la cottura a fuoco lento per un quarto d'ora.
Prima di togliere la teglia dal fuoco cospargere con altro prezzemolo tritato e quindi servire.

Torpedine alla griglia o alla brace

(Accademia Italiana della Cucina)

1 pesce del tipo medio-piccolo, intorno al kg, al kg e ½ di peso olio d'oliva • aceto di vino bianco rosmarino • salvia • sale • peperoncino peperoni da arrostire da condire con olio d'oliva • sale • aglio • prezzemolo

Se si trova un esemplare del genere sopra richiesto (tener conto che lo scarto, al momento della preparazione culinaria e poi in seguito nella fase del taglio e ancora nel piatto di consumazione, è consistente), pulire ricorrendo alla eviscerazione ed alla asportazione delle pinne, quindi lavare.

La cottura è prevista su una griglia posta sulla brace o in alternativa su una fonte domestica di calore (energia elettrica, gas). Prima della cottura si procede a condire il pesce da entrambi i lati con olio d'oliva, aceto, sale ed aromi naturali: questa fase può ordinariamente precedere di qualche tempo il momento della cottura, in modo che il pesce s'amalgami con il condimento.

La cottura è da eseguirsi a fuoco vivace e varia a seconda della dimensione della torpedine.

Una volta cotto, il pesce è da servire in un vassoio corredato di un contorno appropriato, che la ricetta indica in peperoni arrostiti, sfilettati della buccia e conditi con olio d'oliva, sale, aglio e prezzemolo tritati.

Zerri al pesto

800 gr di zerri, freschi e possibilmente della medesima pezzatura • farina, q.b. 3 spicchi d'aglio • sale • peperoncino mezzo bicchiere di aceto bianco

Pulire gli zerri, togliendo squame e interiora e lasciando testa e coda. Lavarli e asciugarli accuratamente.

Quindi infarinarli, salarli e metterli a friggere in una padella con olio d'oliva bollente.

Dopo la cottura toglierli scolandoli accuratamente dell'olio di frittura (si possono anche porre su un foglio di carta assorbente, lasciandoceli qualche minuto).

Mettere i pesci in una terrina e condirli col pesto fatto con un trito di aglio e peperoncino: a questo punto, e saranno ancora caldi, condirli con l'aceto bianco.

Perché questo piatto, che va bene come antipasto, o pietanza, o contorno stuzzicante, sia gustato a pieno, è preferibile servirlo dopo un "riposo" di almeno una mezza giornata.

Variante: *in alcune zone insieme al pesto usano cospargere sul pesce fritto anche del rosmarino.*

RICETTE DELLA TRADIZIONE

I pesci considerati dalle ricette che seguono sono quelli della tradizione (acciuga, baccalà, cannolicchio, cozza, sgombro, stoccafisso, triglia di scoglio o di fango) e sono anche altri che dalle tradizioni sono stati poco considerati, quali l'alalunga *(Thunnus alalunga)*, la bavosa *(Blennius trigloides o ocellaris)*, la locca (*Corvina nigra*) e la tanuta *(Spondyliosoma cantharus)*.

In tutte le preparazioni, comunque, l'approcio dell'Operatore, la tecnica culinaria e l'obiettivo gastronomico sono quelli tradizionali, che intendono esaltare la fusione tra gusto (odori, sapori), colori e rispetto di criteri economici.

Il lettore attento e colto noterà che non poche delle ricette qui riportate, sia in questo capitolo che nei due precedenti, rivelano connotazioni rintracciabili in altre tradizioni culinarie della nostra penisola e delle isole: e questo perché nel loro complesso le varie tipicità culinarie regionali, anzi locali, muovono da storiche e spesso comuni esigenze e situazioni elementari (la fame, il cibo, le modalità di cottura, i vegetali odorosi e sapidi a disposizione, le comunità di appartenza dei pescatori in relazione con le altre,...). E tutte quante hanno loro specialità di tendenze, di gusto, di risultati che sarebbe straordinariamente affascinante poter vagliare in una immaginifica, auspicabile rassegna.

Avvertenze: quando si parla di olio si intende sempre quello extravergine di oliva; ogni ricetta è stata ragguagliata – ovviamente con le possibili esuberanze o le limitazioni di misure del caso – a quattro persone.

La Redazione

Acciughe fritte

800 gr di alici fresche
farina q.b.
olio d'oliva e sale

Pulire le acciughe togliendo la testa e la lisca, ma trattenendo la coda, poiché agevola la unione dei due filetti. Lavarle bene e metterle a scolare in modo che diventino asciutte (condizione ottimale perché possano essere fritte). In una padella mettere olio abbondante e portare ad elevata temperatura.

Prendere sette o otto acciughe e, dopo averle accuratamente infarinate, immergetele nell'olio della padella e friggetele: saranno pronte dopo poco, non appena cominceranno ad incolorirsi.

Estrarre le acciughe fritte e depositarle in un vassoio sopra un foglio di carta gialla o da cucina, cioè molto assorbente e che non si appiccichi quando è impregnato d'olio: serve appunto per raccogliere l'olio superfluo della frittura. Salare q.b. appena le acciughe sono depositate sul foglio assorbente.

Ripetere le operazioni suddette fino ad esaurimento delle acciughe.

Chi lo desidera, può mangiarle anche dopo averci spruzzato del limone.

Qualora questa pietanza non sia servita subito, sarà opportuno trasferire le acciughe fritte su altro recipiente piatto, coprendole.

Variante: *la preparazione suddetta è quella classica. Nel tempo è poi invalso anche l'uso di immergere nell'uovo sbattuto le acciughe, dopo averle infarinate, e quindi passarle alla frittura.*

Acciughe in teglia all'agro

800 gr di acciughe fresche
2 spicchi d'aglio • 8 cucchiai d'olio d'oliva
1 manciata di prezzemolo • peperoncino
sale • 1 limone o quasi mezzo bicchiere
di aceto bianco

Pulire le acciughe (togliendo la testa e la lisca), cercando di tenere uniti i due filetti per la pelle del dorso.

In una teglia capace mettere l'olio, quindi stendere le acciughe dopo averne riunito i filetti l'uno sull'altro; a intervalli collocare anche gli spicchi d'aglio, spezzati ciascuno in quattro o cinque porzioni, e il peperoncino (anche questo spezzato e senza semi), quindi strizzare sopra del succo di limone, o in alternativa l'aceto bianco. Cuocere a fuoco alto e riabbassare dopo un paio di minuti, quindi a metà cottura (questa richiede fra i dieci e i dodici minuti circa) cospargere le acciughe con un po' di prezzemolo finemente tritato e salare. Per consentire una soddisfacente evaporazione, non occorre coprire la teglia mentre è sul fornello.

Si può usare il succo di limone o in alternativa l'aceto bianco. O anche l'uno e l'altro. In ogni caso, fare attenzione che le acciughe cotte non risultino troppo acidule.

Acciughe farcite e accoppiate

(Paolo Ciolli)

300 gr di acciughe fresche
50 gr di formaggio caciocavallo
1 manciata di capperi sottosale, da dissalare sul momento pangrattato • 1 uovo
prezzemelo • sale • peperoncino
olio d'arachide

Pulire le acciughe togliendo la testa e la lisca e – lasciandole attaccate per la pelle del dorso e la coda – aprirle a libro, lavarle e lasciarle asciugare.
A parte, tritare il prezzemolo con i capperi, il caciocavallo e un poco di peperoncino spezzettati, accertando che il composto lavorato sia ben amalgamato e giustamente salato.
Su un piatto disporre la metà delle acciughe sul fondo e stendere su ogni coppia di filetti il composto preparato. Su ciascuna coppia posare – facendo un po' di presa perché aderiscano bene (ma facendo attenzione che il ripieno non fuoriesca) – una delle coppie di filetti accantonate.
Prendere queste acciughe accoppiate e passarle nell'uovo sbattuto, quindi subito dopo nel pangrattato.
In una padella portare l'olio a bollore e friggere le acciughe, avendo cura di non romperle durante la cottura, che del resto è molto breve.
Servire calde e con una spruzzata di limone.

Acciughe in barchetta

(Accademia Italiana della Cucina)

250 gr di pasta sfoglia (può anche essere utilmente scelta quella già pronta)
16 acciughe fresche, dimensione media
50 gr farina • 2 uova • 50 gr parmigiano (macinare prima della preparazione della pietanza) • 50 gr panna per cucina
olio di semi di arachide • sale • pepe

La pasta sfoglia, di spessore non inferiore a 3 mm, è stesa in uno o più stampini di metallo o in pirofile a forma ovale o tonda, facendo in modo che copra anche il bordo interno.
Pulire le acciughe, togliendo la testa, le viscere e le lische, lavarle e metterle ad asciugare bene.
Quindi infarinarle, passarle in uovo sbattuto con sale e pepe, poi subito cuocerle in padella con poco olio bollente: quando diventano dorate, scolarle dall'olio e deporle su un foglio di carta da cucina assorbente.
Preparare nel frattempo una salsa unendo uova sbattuto, parmigiano, panna, sale e pepe, facendo attenzione ad amalgamare questi ingredienti con la forchetta in una terrina.
Nello stampino (o negli stampini) già foderato con la pasta sfoglia sistemare le alici già cotte e coprirle con la salsa, sulla quale alcuni Autori suggeriscono di spruzzare anche un poco di prezzemolo tritato. Mettere in forno molto caldo ed estrarre la "barchetta" (le "barchette") quando è ben dorata e gonfia.

Frittata di acciughe al tramonto

(Paolo Ciolli)

400 gr di acciughe fresche
40 gr di parmigiano grattato
5 uova • 200 gr circa di pomodori maturi
Qualche oliva nera • Qualche seme
di finocchio • 1 spicchio d'aglio
1 ciuffo di prezzemolo • olio d'oliva
sale • pepe • olio q.b.

Pulire le acciughe, facendo pressione sulla testa così da rimuoverla, con un unico movimento, insieme alla lisca e alla coda. Dopo una veloce lavata, scolarle bene e ricomporre i filetti.

Sbattere le uova con il parmigiano (preoccuparsi di mettere da parte circa un quarto del formaggio grattugiato), aggiungere un po' di prezzemolo, uno spicchio d'aglio ridotto in poltiglia e qualche seme di finocchio tritato (in stagione adoperare del finocchietto selvatico fresco).

Adagiare le acciughe nella padella, in questo caso antiaderente, con un filo d'olio, versarci sopra l'uovo sbattuto, salare e lasciare andare a fuoco moderato per qualche minuto, coprendo il tutto con un testo. La frittata dovrà apparire spumosa, non dura. Toglierla dal fuoco e lasciarla raffreddare.

Nel frattempo, sbollentare i pomodori (meglio se "pisanelli"), sbucciarli e privarli dei semi, ridurli in striscioline e saltarli in padella per un paio di minuti al massimo; aggiungere quindi le rimanenti uova sbattute e un po'di sale e cuocerle per qualche attimo, in modo che il composto rimanga morbido.

Con l'aiuto di un coppino da pasta dalla frittata con le acciughe formare dei dischi (circa otto cm. di diametro), da disporre nel piatto l' uno sull'altro, in modo alternato col miscuglio di frittata di pomodoro. A questo punto cospargere col parmigiano residuo.

Già buona a temperatura ambiente, la pietanza può essere scaldata, passandola in forno molto caldo, per qualche attimo.

Irrorare il tutto con una salsetta formata da un trito grossolano di olive, basilico e olio d'oliva.

La frittata di acciughe è da servire come antipasto, ma può essere anche un buon secondo, se si aumentano le dosi degli ingredienti.

Bucatini alle acciughe

320 gr di bucatini
320 gr di acciughe fresche
200 gr di pomodori se freschi (e da sugo),
150 gr se in scatola (tipo pelati)
40 gr di pangrattato • 30 gr olio d'oliva
prezzemolo • farina • sale
pepe o peperoncino

Pulire le acciughe, togliendo testa, coda e spine, lavarle e farle scolare.
Scaldare l'olio, con l'aglio tritato, unire la polpa dei pomodori freschi passati al setaccio (o quella dei pelati), mescolare aggiungendo sale e pepe o peperoncino.
Quando la salsa di base torna in olio unire le acciughe, portare a cottura e aggiungere verso la fine prezzemolo tritato.
Condire i bucatini, nel frattempo cotti al dente, con la salsa e le acciughe e spargervi sopra il pangrattato, che sarà stato rosolato a parte con un goccio d'olio e reso soffice con un po' di farina.

Mezze maniche di frate alle acciughe

(Paolo Ciolli)

300 gr di pasta "mezze maniche di frate"
200 gr acciughe fresche
120-150 gr di pomodori tipo "pisanello"
1 manciata di capperi sotto sale
e dissalati sul momento • olio d'oliva
1 spicchio d'aglio • basilico • sale • pepe

Pulire le acciughe, togliendo testa, coda e lisca e dividendole in filetti; lavarle e lasciarle asciugare. In una padella insaporire l'olio con l'aglio, versandovi anche i capperi e il basilico tritati. Togliere l'aglio, quando comincia a scurire, e versare in padella i pomodori spellati e tagliati a filetti, salando moderatamente. Lasciar cuocere per cinque minuti. Si otterrà una saporita salsa.
Nel frattempo, si sarà messa a bollire in acqua salata la pasta, che si avrà cura di togliere e scolare quando per cottura è ancora bene al dente.
E si sarà anche provveduto a condire le acciughe (asciugate) – tagliate in minuti pezzetti col coltello e depositate in una terrina – con olio e sale. Con pazienza, si procede adesso a inserire il pesto di acciughe dentro ciascuna pasta, fino a completamento.
Nella padella dove è stata cotta e mantenuta la salsa gettare le mezze maniche ripiene e completarne la cottura, allungando con del brodo vegetale se si nota rassegarsi la salsa e rendere quindi precaria la cottura. Servire versando sulla pasta un filo d'olio d'oliva.

Panzottelle o panzerotti di acciughe

(Accademia Italiana della Cucina)

600 gr di acciughe fresche, di dimensione grossa o media • 2 uova • 50 gr di parmigiano (grattugiato sul momento)
50 gr di pecorino, di almeno mezza stagionatura (grattugiato sul momento)
100 gr di pangrattato • 10 olive verdi private sul momento del nocciolo
10 capperi sottaceto • 1 spicchio d'aglio
peperoncino • prezzemolo • sale

Pulire le acciughe, asportando testa, spine e coda, quindi lavarle, asciugarle bene e spezzettarle con le dita in grani non più grossi di un chicco di caffè.
Alle acciughe così spezzettate unire il pangrattato, le uova sbattute, il formaggio grattugiato, le olive, i capperi, il sale, l'aglio, il peperoncino ed il prezzemolo tritati e lavorare il tutto fino ad ottenere un impasto ben amalgamato.
Frazionare l'impasto con la mano e formare tante porzioni – circa 50 gr cad. a forma ovale appiattita, che saranno fritte in padella con olio bollente ed abbondante.
Appena cotti, servire ben caldi questi "panzerotti" o "panzottelle" di acciughe.

Pizzettine con acciuga

(Paolo Ciolli)

300 gr di farina • 5 gr di lievito di birra
300 gr di acciughe fresche
200 gr di pomodoro tipo "pisanello"
1 manciata di capperi sotto sale
1 presa di origano • olio d'oliva
olio d'arachide per frittura • mezzo spicchio d'aglio • basilico • sale • pepe

Sciogliere il lievito in acqua tiepida, quindi impastarlo nella farina a temperatura ambiente, aggiungendo acqua q.b.. Lasciare poi riposare l'impasto finchè non sarà ben lievitato.
Pulire le acciughe togliendo testa, coda e lische e lavarle, quindi porle ad asciugare.
Pelare i pomodori, privarli dei semi e tagliarne la polpa a pezzettini.
Unire ai pomodori un trito di basilico, origano, capperi dissalati e aglio schiacciato, il sale e il pepe (q.b.) e condire con l'olio di oliva.
Accertato che l'impasto in precedenza preparato sia lievitato, stendere la pasta e ritagliare, magari servendosi di un coppino da pasta, delle pizzettine, bucherellandone la superficie con una forchetta.
In una padella friggere le pizzettine in abbondante olio d'arachide bollente e scolarle poi su carta assorbente, disponendo immediatamente su ciascuna pizzettina una acciuga. Condire le pizzettine con il composto di pomodori insaporiti già preparato e servirle calde con un filo d'olio d'oliva.

Polpettine di acciughe

(Paolo Ciolli)

200 gr di acciughe fresche • 150 gr patate
1 uovo • farina di mais • 1 spicchio d'aglio
prezzemolo tritato • sale • pepe
semi di cumino • olio d'arachide q.b.

Mettere a lessare le patate. Nel frattempo, pulire le acciughe togliendo la testa, la coda, la lisca e le interiora. Lavarle e asciugarle.
Scolare le patate lessate e passarle allo schiacciapatate.
Tritare grossolanamente le acciughe col coltello.
Impastarle nella purea di patate, aggiungendo al composto lo spicchio d'aglio schiacciato e triturato, l'uovo sbattuto e il prezzemolo tritato, salare e pepare con misura. Miscelare bene.
Con l'impasto formare con la mano delle polpettine, che saranno subito rimestate nella farina di mais.
Sgrondarle della farina eccedente e friggerle in padella con abbondante olio d'arachide.
Appena cotte, porle su un vassoio, cospargerle con un accenno di sale e servirle ancora ben calde.

Ravioli di acciughe

(Paolo Ciolli)

Per la pasta: *150 gr di farina di grano tenero*
50 gr di farina di grano duro • 2 uova
Per il ripieno: *200 gr di acciughe*
50 gr di ricotta salata • mezzo tuorlo d'uovo
qualche foglia di basilico • sale • pepe
Per il sugo: *ricotta salata*
pomodori freschi • 1 spicchio d'aglio
olio d'oliva • sale • basilico • peperoncino q.b.

Amalgamare farina ed uova fino ad ottenere un impasto liscio ed omogeneo; coprirlo e lasciarlo riposare una mezz'ora in frigorifero. Tritare grossolanamente le acciughe, unirle in una terrina al basilico tritato, alla ricotta grattugiata ed all'uovo. Aggiustare di sale e di pepe, quindi miscelare accuratamente il ripieno.
Preparare il sugo di pomodoro, passandolo (dopo averlo privato di bucce e semi) in olio d'oliva con un trito d'aglio, di basilico e di peperoncino; tenere a parte pronta la ricotta salata.
Stendere la pasta fino ad ottenere una sfoglia sottile, da ritagliare con l'aiuto di un coppo per pasta: disporre al centro di ogni cerchietto di pasta un po' di ripieno e chiudere il raviolo, avendo cura di sigillarne bene i bordi.
Dopo aver bollito i ravioli per 4-5 minuti in acqua salata, scolarli e condirli in zuppiera con il sugo e la ricotta salata, facendo attenzione a mescolare bene il tutto, senza danneggiare i ravioli.

Acciughe al forno

(Paolo Petroni)

800 gr acciughe fresche
1 spicchio d'aglio • prezzemolo
mezzo limone • 2 cucchiai di pangrattato
8 cucchiai d'olio d'oliva • sale
pepe o peperoncino

Pulire le acciughe togliendo testa e lisca e cercando di tenerle unite per la pelle del dorso. Lavarle e metterle ad asciugare bene.
In una pirofila, unta con poco olio, disporre le acciughe dopo averne richiuso i filetti l'uno sull'altro, cercando di formare un solo strato.
Coprirlo con un trito di aglio e prezzemolo, quindi salare, pepare e cospargere col pangrattato; infine strizzare un po' di succo del limone.
Cuocere in forno caldo per circa 20 minuti.

***Nota:** in alternativa al succo di limone si può versare sullo strato di acciughe un po' di passata di pomodoro.*

Acciughe al pomodoro

750 gr di acciughe fresche
4 cucchiai olio d'oliva
gr 300 di pomodori (da sugo), oppure
gr 250 tipo "pelato" • 2 spicchi d'aglio
Sale • pepe o peperoncino

Pulire le acciughe, togliendo la testa, la coda e le spine. Cercare di lasciare uniti i due filetti con la pelle del dorso. Lavarle e porle a scolare.
In un tegame scaldare l'olio con l'aglio tritato, quindi aggiungere le acciughe delicatamente su uno o più strati, spruzzandole con sale, pepe o peperoncino, tenendo il fuoco basso. Dopo qualche minuto coprirle con il pomodoro depurato dei semi e portare a cottura, rimuovendo ogni tanto, con delicatezza, per non rompere le acciughe. La cottura ideale sarà accertabile quando il pomodoro si sarà integrato con le acciughe.

Acciughe marinate

(Paolo Petroni)

acciughe fritte, secondo la ricetta di specie

Normalmente, le acciughe fritte sono consumate subito, e possibilmente ancora ben calde.
Ma se ne avanza, ovvero non si opta per la consumazione immediata, o al limite si intende preparare un piatto freddo, che di solito è servito per antipasto, si può impiegare la seguente preparazione.
Le acciughe, una volta fritte da qualche ora e quindi a temperatura ambiente, possono essere conservate con la seguente operazione di *marinatura*: si passano per un momento (altrimenti si ammorbidiscono) in una padella a fuoco vivace assieme a qualche cucchiaio di aceto bianco leggermente salato. Quando si tolgono è possibile conservarle per qualche giorno, anche senza metterle in frigorifero.

Baccalà alla livornese

1 filetto di baccalà oppure trancio di circa gr. 800, già ammollato, spesso non meno di due cm e mezzo
400 gr circa di pomodori maturi rossi o "pelati" • 2 o 3 spicchi d'aglio, secondo dimensione • farina
olio d'oliva • prezzemolo • rosmarino
peperoncino • sale q.b.
1 manciata di olive nere (colte dall'albero e conservate in freezer, oppure in salamoia)

Preparare il baccalà lavandolo[1] e togliendo le spine. Molti Autori consigliano di togliere anche la pelle, ma in numerosi ristoranti, soprattutto sulla costa labronica, questa viene lasciata (del resto, la pelle aiuta a mantenere compatti i tronchetti di cui appresso). Tagliare il baccalà a pezzi o tronchetti possibilmente quadrati di circa 4-5 cm, anche 6, di lato ed asciugarli accuratamente.
Non appena asciutti, i tronchetti di pesce sono infarinati (poco) e messi a soffriggere con aglio e un poco di rosmarino: non completare la frittura, ma limitarsi all'incirca ad una metà del trattamento.
Preparare un sugo mettendo a soffriggere con olio d'oliva un battuto di aglio, peperoncino privato dei semi e prezzemolo, sul quale, appena l'aglio comincia appena a scurire, si versa il pomodoro privato della buccia e dei semi, che a fuoco quasi vivace si cuoce per una quindicina di minuti (una decina, se si tratta di pelati passati al passatutto). Salare

moderatamente (il baccalà è merluzzo conservato sotto sale!).
Le fonti a questo punto configurano due modalità:
1) il sugo è preparato e cotto in una teglia o casseruola e vi si versano, una volta cotto, i pezzi di baccalà infarinati e mezzo rosolati in olio, continuando fino a cottura completa (il condimento sarà "tornato in olio"), servendo in tavola dopo avere, appena prima di spengere il fuoco, cosparso la pietanza con una spruzzata di prezzemolo tritato;
2) il sugo, preparato come sopra indicato, è versato sopra i pezzi di baccalà infarinati fritti a metà in una teglia da adoperare anche per la cottura completa della pietanza; rifinire con il prezzemolo spruzzato prima di togliere dal fuoco.

Quando avviene la congiunzione fra pezzi di baccalà e sugo di pomodoro alcuni Autori consigliano di aggiungere una manciata di olive nere, per insaporire "amarevolmente" l'intingolo e gli stessi tronchetti di baccalà.

1 Se odora troppo forte lo si tenga in acqua corrente (se possibile) o in acqua con un cucchiaino di bicarbonato di sodio, ripetendo più volte, per qualche ora.

Cacciucco alla livornese

(Franca Torsellini Chiavaccini per la Delegazione di Livorno dell'Accademia Italiana della Cucina)

500 gr di polpo di scoglio
500 gr di calamari e seppie
300 gr di cicale di mare o mazzancolle o scampi o gamberi • 300 gr di palombo o nocciolo e/o murena, o grongo
250 gr di pesce da minestra (scorfano, cappone, gallinella, sparlotto, tracina, pesce prete, ecc.)
500 gr di pomodori ben maturi
1 cucchiaio di conserva
1 bicchiere di olio d'oliva
1 bicchiere di vino rosso
aglio • peperoncino • cipolla • sedano
salvia • 8 fette di pane raffermo

In un grande tegame versate la metà dell'olio con due spicchi di aglio, la salvia e il peperoncino e appena l'aglio è imbiondito metteteci, *bello grondante*, il polpo battuto e tagliato a pezzetti e fatelo cuocere lentamente. Aggiungete, dopo una ventina di minuti, le seppie e i calamari (anch'essi naturalmente puliti, lavati e tagliati) e continuate la cottura aggiungendo, dopo un po', il vino e quindi la conserva di pomodoro, in attesa di aggiungerci quello che sta cuocendo nell'altro tegame. Infatti, contemporaneamente, in un altro recipiente più piccolo mettete la cipolla, il sedano e l'aglio tutto tagliato grossolanamente con il restante olio e dopo averlo leggermente soffritto aggiungete i pesci da minestra, il

pomodoro e un po' d'acqua. Fatelo bollire per circa venti minuti quindi passatelo con il passatutto fine nel tegame grande. Qui, quando i molluschi saranno quasi cotti, mettete a cuocere il pesce a taglio e i crostacei (naturalmente il tutto ben pulito e lavato).
Arrostite il pane, strusciatelo con l'aglio e servitelo in fondo alle scodelle o al vassoio.
Si può guarnire il piatto con frutti di mare da aggiungere nel tegame quasi a fine cottura[1].
Se vogliamo il cacciucco all'antica, i pesci da minestra non vanno passati e si può usare un solo tegame.
Il tipo e la quantità di pesce utilizzati può variare in base all'estro del cuoco, alle condizioni del mare e della stagione, ma i pesci debbono essere rigorosamente freschi e, possibilmente, nostrali.

1 Naturalmente, così come il cacciucco in origine non aveva il fragrante apporto del pomodoro (e fino ai primi del secolo scorso molti pescatori ancora lo cucinavano "in bianco"), così il cacciucco tradizionale, anche fino a tempi recenti, non era guarnito, né nella fase di cottura era composto con frutti di mare. (Red.)

Cozze alla marinara

1,5 kg circa di cozze • 3 peperoncini
1 bicchiere di vino bianco
60-70 gr d'olio d'oliva
2 o 3 spicchi d'aglio • prezzemolo • sale

Pulire le cozze, eliminando le incrostazioni e lo spago stopposo ("bisso"), e lavarle bene. Se possibile, far trattare le cozze con una apposita centrifuga dal pescivendolo (ma si dovrà ugualmente guardarle ed eventualmente completare la pulizia una volta a casa).
Tritare il prezzemolo, gli spicchi d'aglio e i peperoncini.
In una teglia con l'olio d'oliva soffriggere aglio, prezzemolo e peperoncino e prima che l'aglio prenda colore allungare con il vino bianco, salare e gettare le cozze. Fuoco abbastanza vivace.
Mescolare di continuo con un mestolo di legno e, se il liquido dovesse evaporare troppo, allungare con acqua calda.
La fase di cottura non dura molto e le cozze man mano che sono cotte si aprono[1].
Spengere e spargere ancora del prezzemolo tritato. Servire calde.

***Nota:** Tipica ricetta dei ristoranti e delle trattorie di mare, particolarmente seguita all'Isola d'Elba.*

1 Si raccomanda di prelevare dalla teglia le cozze che a cottura raggiunta non si sono aperte e di gettarle, perché non idonee all'alimentazione.

Cozze pasticciate

1 kg di cozze • 250 gr di patate
1 peperone giallo • 1 melanzana
1 cipolla rossa (tipo "Tropea")
2 spicchi d'aglio • 200 gr di pomodoro
del tipo "passata" • olive nere
50 gr di pecorino piccante
(da grattugiare sul momento)
olio d'oliva • prezzemolo • sale • peperoncino

Se possibile, utilizzare cozze i cui gusci siano stati già lavati e raschiati nell'apposita centrifuga dal pescivendolo.
In una padella unta d'olio, fare aprire le cozze pulite a fuoco vivace, allungando se occorre con dell'acqua calda.
In un tegame, o meglio in un recipiente di coccio, mettere olio, cipolla, aglio e un po' di prezzemolo tritati, peperoncino senza semi e spezzettato, la melanzana tagliata a tocchetti minuti, il peperone tagliato a listarelle e le olive snocciolate e spezzate in quattro.
Appena il composto viene a bollore aggiungere il pomodoro e il liquido di cottura delle cozze, appositamente filtrato, salare e far cuocere, mescolando spesso.
A cottura avvenuta, aggiungere le cozze estratte dai gusci e mescolare bene a fuoco caldo.
Condire col pecorino grattugiato e col prezzemolo tritato, mescolare e servire a tavola.

Locca al forno

(Paolo Ciolli)

2 locche (anche Corvina) del peso di circa
mezzo chilo/sei etti ciascuno
olio • sale • pepe q.b.

Pulire il pesce (squamarlo, eviscerarlo), lavarlo e deporlo in una teglia, nella quale sarà stato messo un foglio di carta da forno.
Condire con olio, sale e pepe e infornare per circa quindici minuti a 180°.
Ogni tanto irrorare con il fondo di cottura.
Servire in tavola, accompagnandolo preferibilmente con verdure cotte al vapore (suggeriamo carote, patate e zucchine, condite con olio d'oliva): si tratta infatti di un pesce dalle carni tenere e delicate, che vanno cotte con attenzione.
Raccomandato un vino bianco giovane (massimo di un paio d'anni) e asciutto, servito a temperatura di 10°. Pane: leggero e fragrante.

Pesci al sughetto

Nota preliminare:
Questa ricetta si adatta molto bene ai seguenti tipi di pesci: Boghe, Bavose, Occhiate, Salpe, Sparaglioni (o Sparlotti), Zerri, ecc.
Pertanto, mentre gli "altri ingredienti" (oltre al pesce), la preparazione e la cottura sono in buona sostanza omogenei per tutti i tipi di pesce (potrà variare, secondo l'esperienza individuale, di qualche minuto il tempo di cottura, a seconda della durezza o meno della carne del singolo pesce), si dovrà fare attenzione al valore della presumibile "resa" dei pesci a cottura effettuata nel predeterminare le dimensioni e il peso dei pesci da impiegare.
In linea generale, i pesci sopra elencati non presentano "rese" identiche, ma neppure caratterizzate da rilevanti differenze. Pertanto, si ritiene che mediamente la quantità del pesce da impiegare possa essere preventivata in circa 12-14 etti, per calcolare una resa di circa 8-10 etti di pesce da sottoporre al consumo alla tavola.

Si indica, per tutte le specie di pesci suddette, una ricetta-tipo, riportata alla voce "Boghe al sughetto".

"Ponce" alla livornese

Ricetta per uno alla volta (autore: uno, cento, mille *baristi* che lo hanno pregustato, sperimentato, presentato all'assaggio dei clienti e – se raggiunto un ottimo livello per il gusto sapido e ipercritico dei clienti – non hanno portato i libri di commercio in tribunale).

Premessa metodologica: Trattasi di una ricetta – che gira da un bar all'altro – che si reputa opportuno inserire in un libro che tratta di cucina di mare, perché il "ponce" alla livornese è riconosciuto dalla universalità della gente labronica, stanziale o emigrata, e da tutti gli ospiti che bazzicano questa Città come il migliore, gagliardo e sensualmente (com)promettente viatico alla digestione del cacciucco e di tutti gli altri succolenti *mangiari* che la ricca cucina locale sa offrire.

Nota preliminare: Bibliografia: cfr. molte opere di Aldo Santini; e anche di Franca Torsellini Chiavaccini; Prassi: *corsi* di bevuta del ponce dal Civili, *lezioni* tenute dal 1945 al 1990, ma vanno bene anche quelle dopo.

In un bicchiere basso, largo e spesso mettete due cucchiaini di zucchero e una dose di "rumme"[1] da correzione (quasi la metà del bicchiere) o di "rumme e brandy" o di "rumme e sassolino", se vi piace. *Non adoperate mai il rhum di pregio perché rovinereste il ponce.* Date una scaldata con il vapore della macchina e quindi via al caffè, fino quasi al bordo. Tocco finale, una scorza di limone di giardino: avrete, in tal caso, il "ponce a vela".

Nota: in qualche bottega e in qualche spaccio si possono trovare delle bottiglie con la scritta *"Ponce alla livornese – bell'e pronto"*. Una volta il livornese verace si sarebbe visibilmente inalberato, se alla richiesta del rituale "ponce" il barista voltandosi avesse afferrato una bottiglia del genere: oggigiorno al degrado dei valori e dei costumi si è accompagnato anche quello del ponce al bar, e solo pochi si alterano ormai di fronte ad un simile scempio. Altra storia è quando il livornese, verace o meno, si trova "all'estero", *cioè fuori porta,* che va dal circondario (per intenderci oltre Stagno e oltre Montenero) alle Alpi, alla Sicilia, al Kilimangiaro, eccetera: è rarissimo trovare un barista che abbia solo una mezza idea di cosa è colpevole, non conoscendo la "ricetta" del ponce alla livornese. E allora il labronico d.o.c. ed avveduto trae dal proprio zaino la bottiglia del "ponce alla livornese bell'e pronto" e la consegna allo stupito ed incolto barista, invitandolo a celebrare il "rito breve", meglio quello che niente!

1 Secondo la *tradizione filologica* livornese il "rumme" è rigorosamente quello "da correzione"; e per "brandy" (più usato il popolare "cognàcche") si intende il "cognac da correzione"; analogamente avviene per il "sassolino da correzione": tutti prodotti *ad hoc* che troverete nei liquorifici livornesi.

Penne allo sgombro

2 o 3 sgombri per complessivi 400 gr mezza melanzana • 200 gr di pomodori maturi rossi o "pelati" • 2 spicchi d'aglio prezzemolo • olio d'oliva • sale • peperoncino

Pulire i pesci togliendo squame, pinne, code e interiora. Si ricavano dei filetti di pesce.
Poiché la carne di questo pesce è un po' "pesante" (cioè un poco indigesta), per agevolarne la cottura e la successiva digestione conviene immergere i pesci, una volta puliti, in acqua bollente, per un paio di minuti, quindi toglierli e impiegarli come segue.
In ogni caso, i filetti di pesce sono tagliati a tronchetti non spessi e tenuti pronti.
In una padella rosolare in olio d'oliva la melanzana tagliata a pezzetti non troppo grossi per una decina di minuti. Scolare e stendere su un foglio di carta assorbente perché perdano quanto più possibile l'olio di cottura.
In una teglia con l'olio d'oliva rosolare un trito di aglio, prezzemolo e peperoncino, quindi allorchè l'aglio si colora aggiungere le melanzane e il pomodoro (privato di bucce e di semi) a pezzetti; lasciare cuocere per qualche minuto a temperatura prima sostenuta e poi lenta, quindi aggiungere il pesce e a fuoco sul momento vivace, poi per un dieci-quindici minuti lento, portare a cottura definitiva. Prima di togliere la teglia dal fuoco cospargere il sugo con prezzemolo tritato.

Sgombri al pomodoro

(Paolo Petroni)

3 o 4 sgombri per complessivi gr. 800-900 circa
400 gr circa di pomodori maturi rossi
o "pelati" • mezzo bicchiere di vino bianco
2 spicchi d'aglio • prezzemolo • peperoncino
olio d'oliva • sale q.b.

Pulire i pesci, togliendo le pinne, le squame e le interiora, ma lasciando la coda.
Poiché la carne di questo pesce è un po' "pesante" (cioè un poco indigesta), per agevolarne la cottura e la successiva digestione conviene immergere i pesci, una volta puliti, in acqua bollente, per un paio di minuti, quindi toglierli e impiegarli come segue.
In una teglia far rosolare, con cinque o sei cucchiai d'olio d'oliva, un trito d'aglio, prezzemolo e peperoncino (spezzettato e senza semi): quando l'aglio avrà cominciato a prendere colore aggiungere il vino bianco, fare evaporare e aggiungere i pomodori a pezzetti.
Salare e cuocere per qualche minuto, quindi unire i pesci e continuare la cottura a fuoco lento per un quarto d'ora.
Prima di togliere la teglia dal fuoco cospargere con altro prezzemolo tritato e quindi servire.

Sgombri con le olive

1000 gr di sgombri • 2 spicchi d'aglio
2 filetti (dissalati) di acciughe salate
1 manciata di capperi
10 olive verdi • prezzemolo • olio di oliva
sale • pepe • peperoncino

Lessare gli sgombri e pulirli, ricavandone i filetti.
Preparare un miscuglio, pestando insieme l'aglio, i filetti di acciughe, i capperi, il prezzemolo, il sale, il pepe o il peperoncino.
Disporre metà degli sgombri in una terrina, cospargervi sopra metà del miscuglio, disporvi sopra il resto dei filetti di sgombro e il resto del miscuglio, coprire con un velo d'olio, aggiungere le olive e lasciare macerare per qualche ora. Si può servire a temperatura ambiente (e d'estate semifreddo) e in alternativa leggermente riscaldato a vapore.

Sgombri in umido con verdure

(Accademia Italiana della Cucina)

1 kg di sgombri freschi
600-800 gr di patate • 200 gr di pomodori tipo San Marzano o anche "Pisanello" (in subordine: se conservati, della specie "pelati")
1 peperone, preferibilmente con la buccia rossa
80 gr di olio di olive • 1 cipolla tipo "Tropea"
2 spicchi d'aglio • peperoncino • sale • pepe

Pulire gli sgombri, togliendone testa, interiora, lische, coda e pelle, ricavandone dei filetti, quindi lavarli e metterli ad asciugare bene. Se gli sgombri sono grossi, tagliarne i filetti a metà.
In una teglia, preferibilmente di coccio, mettere con l'olio la cipolla e l'aglio ben tritati, i pomodori privi di bucce e semi e tagliati a filettini, le patate sbucciate e tagliate a pezzetti, il peperone pulito, privato dei semi e tagliato a listarelle, il peperoncino privato dei semi e spezzettato, sale e un poco di pepe. Cuocere a fuoco lento, avendo cura ogni tanto di mescolare con un cucchiaio di legno, fino a quando le patate non saranno quasi cotte.
A questo punto unire il pesce già preparato e continuare la cottura, sempre a fuoco lento, mescolando ancora delicatamente, per evitare che i filetti di pesce abbiano a sciuparsi, per 10-15 minuti, che corrisponde al tempo medio di cottura degli sgombri.

Spaghettini ai cannolicchi

600 gr di cannolicchi • 320 gr di spaghettini
200 gr di pomodori freschi del tipo "pisanello"
2 spicchi d'aglio • prezzemolo • olio d'oliva
sale • peperoncino

Immergere i cannolicchi in acqua con un cucchiaio di bicarbonato di sodio, che igienizza e agevola lo spurgo della rena. Cambiare più d'una volta l'acqua e scolare e mettere in una padella a fuoco vivace i molluschi.
Appena apertisi, si estraggono dal guscio.
In una padella con un po' d'olio d'oliva mettere coi cannolicchi un trito di aglio, prezzemolo e un poco di peperoncino e scaldare a fuoco vivace per pochi muniti, quindi aggiungere il pomodoro sbucciato e tagliato a pezzettini, salare e cuocere per una decina di minuti a fuoco mediano.
Cuocere gli spaghetti al dente, scolarli e aggiungerli alla salsa in padella, dove sono tenuti in cottura un paio di minuti per ben amalgamarsi.
Servire dopo aver sparso sugli spaghettini una manciata di prezzemolo tritato.

Nota: *La pesca di questo mollusco è fatta con strumenti di impostazione meccanica (aspiranti dal fondo marino sabbioso tutto ciò che, animale o vegetale, vi si trovi). Pertanto i cannolicchi sono portatori di molta sabbia e la loro cottura è estremamente difficoltosa. Ne risente evidentemente la loro commercializzazione.*

Stoccafisso alla livornese

(Franca Torsellini Chiavaccini per la Delegazione di Livorno dell'Accademia Italiana della Cucina)

800 gr di stoccafisso ammollato
200 gr di trippette (parti molle dello stoccafisso; se non le trovate, aumentare la dose dello stoccafisso)
800 gr di cipolle rosse o bionde
800 gr di pomodori tipo San Marzano
200 gr di patate (facoltative)
abbondante olio • mezzo bicchiere di vino bianco o di marsala secco • scorza di limone grattugiata • sale • peperoncino • basilico

Tagliate la cipolla finissima e mettetela nel tegame con l'olio, sale, basilico e peperoncino. Fatela leggermente imbiondire, quindi aggiungete i pomodori sbucciati, spezzettati e scolati e fate ritirare la salsa. A questo punto aggiungete la buccia del limone e lo stoccafisso pulito, deliscato, ben strizzato e ridotto a pezzettini (si sfiletta con le mani la parte del tronco e si tagliano le trippette). Ci vorrà un paio di ore di cottura e l'aggiunta del vino o del marsala. Mezz'ora prima di toglierlo dal fuoco aggiungete, se lo desiderate, le patate tagliate a piccolissimi dadi.
Sullo stoccafisso si beve vino rosso come sul cacciucco, e che sia vino delle nostre colline.

***Variante** (quasi) fast per le massaie e/o i mariti lavoratori: Lo stoccafisso (scegliete il filetto) è acquistato già ammollato. Per accelerarne la cottura si consiglia di tagliarlo in cinque o sei tronchi e di sbollentarlo un minuto o due in acqua portata a bollore: scolarlo e metterlo a raffreddare in un colino.*
Quindi un po' col coltello e un po' con le mani ridurlo a pezzetti minuti, cercando di togliere le lische. In una teglia mettere a soffriggere con olio d'oliva un trito composto da tre spicchi d'aglio, due grosse cipolle di Tropea e uno scalogno, una manciata di capperi sott'aceto o sotto sale lavati, un po' di prezzemolo, un paio di peperoncini privati dei semi e una lisca di scorza di limone, un paio di foglie di salvia, una piccola punta di rosmarino e un paio o tre foglie di basilico.
Non appena la cipolla del soffritto comincia a scurirsi gettare lo stoccafisso preparato e cuocere a fuoco vivace, allungando con un bicchiere di vino bianco, o anche mezzo, se basta.
Dopo una dozzina di minuti, quando il vino è sfumato, immettere il pomodoro privato della buccia e dei semi e salare q.b..
Nel mentre "stocco" e pomodoro' si coniugano' nella pentola, aggiungere per dare un ché di amarognolo una manciata di olive nere (preferibili quelle colte al momento della raccolta e poste a conservare in freezer, ma possono andare bene anche quelle conservate in salamoia e acquistate in negozio) e – se si vuole mettere in tavola un piatto completo di contorno incorporato – tre o quattro etti di patate sbucciate e tagliate a tocchetti più grossi di una ciliegia: cuoceranno in circa mezz'ora.
La cottura di questa versione "fast" dello stoccafisso impegna, dall'inizio, circa un'ora e mezza di tempo: può essere benissimo eseguita la sera per poter essere la gustosa pietanza servita, appena riscaldata, il giorno dopo.

Triglie alla livornese

(Franca Torsellini Chiavaccini per la Delegazione di Livorno dell'Accademia Italiana della Cucina)

8 triglie di media taglia
mezzo kg di pomodori pelati
4 cucchiai di olio • aglio • prezzemolo
peperoncino • sale

Fate un battutino di aglio e prezzemolo e soffriggetelo leggermente con olio e peperoncino. Aggiungete i pomodori passati nel passatutto a fori larghi oppure adoperate i pomodori quadrettati in bottiglia. Salate e fate insaporire. Pulite le triglie, lavatele e asciugatele bene. Disponetele allineate in una pirofila, cospargetele di prezzemolo tritato e copritele con la salsa di pomodoro preparata avendo cura di scuoterle affinchè la salsa vada anche sul fondo. Cuocete al forno per circa 15 minuti.
Se le triglie sono poche si possono cuocere con lo stesso sistema in una teglia ben coperta sul fornello. Non vanno girate per non rischiare di spezzarle.

Variante: *alcuni Autori eseguono la ricetta disponendo le triglie nella stessa teglia dove in precedenza è stato cotto il sugo: in questa ipotesi la cottura del pesce è svolta sul fuoco, coprendo la teglia con il coperchio. Calcolare almeno il doppio di olio. Quando si stendono le triglie nella teglia si abbia cura di mettere prima da parte un po' del sugo di base e di cospargerne i pesci. In ultimo cospargere con prezzemolo tritato.*

RICETTE D'AUTORE

Ristoranti blasonati, pluripremiati dalle guide gastronomiche; ma anche ristoranti della tradizione o luoghi semplicemente simbolo di una città. Sono loro a interpretare il pesce povero con ricette d'autore ora raffinate ora autenticamente popolari. Ricette che pescano nella storia culinaria di una regione e cercano di rilanciare, per lo più reinterpretandolo, l'uso di pesci che le mode gastronomiche imperanti hanno cacciato dai menù.

Ecco dunque Franca Checchi, che con la famiglia da quarant'anni guida "Romano" a Viareggio, uno dei migliori ristoranti della cucina di mare in Italia, proporre le aguglie croccanti con cipolla di Tropea in agrodolce piuttosto che la sua versione del cacciucco, un tegamino di pesce povero alla viareggina. Piatti dove la storia non viene mai meno ma la mano è leggera e sapiente, forte di una sensibilità e di una tecnica unici. Da Bibbona ecco, tra gli altri piatti proposti, il cacciucco della "Pineta", dove si ritrova la freschezza del pesce e l'elaborazione tanto intelligente quanto rispettosa della materia che hanno fatto del locale di Luciano Zazzeri un luogo cult per i gourmet. Poi le proposte di Riccardo Guastino, anche lui da trent'anni un riferimento della cucina della costa, ristoratore appassionato e sempre alla ricerca di novità nel suo "da Riccà" a Marina di Massa.

Nella cucina di Federico Cenci del Calesse il pesce povero ha la casa prediletta, un angolo dove ogni specie, anche la più umile, trova un uso tradizionale ricco di sapori. Di questa tradizione povera qualche caposaldo non manca mai anche da Giuseppe Mancini che ha fatto della "Barcarola" un'istituzione della cucina labronica.

La Redazione

Aguglie croccanti con cipolla di Certaldo in agrodolce

(Franca Checchi, *Romano*, Viareggio)

16 aguglie intere • 6 cipolle di Certaldo
50 g di zucchero • 40 ml di aceto di frutta
qualche foglia di menta • 50 g di farina
1 cipollotto fresco • olio extravergine d'oliva
per friggere e per condire • sale

Tagliare due cipolle di Certaldo a cubetti e stufarle in un tegamino con un filo di olio extravergine di oliva per tre minuti; unire lo zucchero e bagnare con l'aceto, protrarre la cottura per altri 10 minuti a fuoco dolce per far evaporare l'aceto. Togliere il tegamino dal fuoco e raffreddare prima di profumare con le foglioline di menta spezzettate.
Con l'aiuto di uno scavino, togliere la polpa dalle quattro cipolle rimaste e sbollentarle in acqua con un goccio di aceto; scolare e tenere da parte.
Pulire, eviscerare e decapitare accuratamente le aguglie, asciugarle, infarinarle e friggerle in abbondante olio extravergine di oliva a 180°. Quando saranno dorate e croccanti, farle asciugare sopra un foglio di carta assorbente e salare.
Riempire le cipolle con i cubetti stufati e adagiarle in ogni singolo piatto, disporre di fianco le aguglie fritte.
Guarnire con qualche foglia di menta, delle fettine di cipollotto fresco e un filo di olio extravergine di oliva.

Tegamino di pesce povero alla viareggina

(Franca Checchi, *Romano*, Viareggio)

Pesce da zuppa con lisca: *gattuccio, grongo, scorfano di fondale, tracina drago, "Pottino" (denominazione locale della tremola torpedine) per un totale di circa kg 1,5 da pulire.*
Molluschi: *seppie, polpo stringa, totani per un totale di circa gr. 700 da pulire*
8 cicale • 300 g di pomodori pelati
2 spicchi d'aglio • 1 peperoncino piccante
olio extravergine di oliva
sale • pepe • 1 bicchiere di vino bianco
1 manciata di prezzemolo tritato
pane di campagna (2 fette a testa)

Pulire accuratamente i molluschi, togliendo gli occhi e la vescichetta, fare a pezzi le seppie, lasciare intere le "grinfie" del polpo. Sgusciare le cicale tenendo attaccata la testa.
Pulire, eviscerare, squamare e sfilettare accuratamente i pesci e se sono grossi, farli a pezzi.
Versare in una larga padella 80 gr di olio extravergine di oliva, unire un pezzetto di peperoncino e due spicchi di aglio leggermente schiacciati. Appena l'aglio prende colore, toglierlo e aggiungere i molluschi, facendoli insaporire bene e poi bagnarli con il vino bianco.
Appena il sugo sarà ritirato aggiungere i pomodori, salare e pepare e dopo 15 minuti di lenta cottura unire i pesci e le cicale.
Fare cuocere il tutto altri 10 minuti a fuoco lento senza girare mai per non rompere i pesci; a metà cottura unire il prezzemolo e se è necessario, aggiungere un po' d'acqua o meglio ancora di brodo di pesce preparato con gli scarti, le teste e le lische, per finire la cottura.
Suddividere la zuppa nei piatti, aggiungendo due fette di pane abbrustolito a porzione, tagliate a piacere.

Spaghetti con le sarde

(Franca Checchi, *Romano*, Viareggio)

400 gr di sarde fresche • 400 gr di spaghetti
4 cucchiai di olio extravergine di oliva
1 spicchio d'aglio • 1 pezzettino di peperoncino rosso piccante • 1 pomodoro maturo
1 ciuffo di prezzemolo • sale • pepe

Pulire accuratamente le sarde, sfilettandole, privandole di testa e lisca; lavarle e farle sgocciolare molto bene.
In un tegame versare quattro cucchiai di olio extravergine di oliva, un pezzettino di peperoncino rosso, l'aglio schiacciato e le sarde; mettere il recipiente sul fuoco, salare e pepare e far cuocere lentamente a fuoco dolce.
Nel frattempo, mettere sul fuoco una pentola con abbondante acqua; salare l'acqua quando bollirà, e dopo qualche istante immergervi gli spaghetti e portarli a metà cottura.
Aggiungere alle sarde un pomodoro maturo tagliato a pezzetti, un ciuffo di prezzemolo finemente tritato e protrarre la cottura per circa cinque minuti.
Lasciare il tegame sul fuoco basso, scolare la pasta e ultimare la cottura saltando gli spaghetti con il sugo preparato.

Totani in zimino con le bietole

(Franca Checchi, *Romano*, Viareggio)

700 gr di totani da pulire
1 bel mazzo di bietole circa 1 kg
1 bicchiere di vino bianco secco
1 spicchio d'aglio • peperoncino
olio extravergine di oliva • sale • pepe

Pulire accuratamente i totani, togliendo gli occhi, la vescichetta, l'osso e la pelle e farli a pezzi.
Pulire e lavare le bietole, adoperare solo la parte verde, e tagliarle a listarelle.
Far rosolare i totani in un tegame con l'olio extravergine di oliva, il peperoncino e l'aglio intero.
Mescolare bene e far cuocere per circa dieci minuti a fuoco moderato.
Aggiungere il vino e farlo evaporare; aggiungere le bietole, mescolare con cura e far insaporire bene. Aggiustare di sale e di pepe, e far cuocere ancora per una ventina di minuti a tegame coperto.

Totani ripieni

(Franca Checchi, *Romano*, Viareggio)

6 totani non troppo grossi
(non oltre il palmo di una mano)
80 gr di bietole scottate • 1 spicchio d'aglio
1 peperoncino • 1 ciuffo di prezzemolo
1 bicchiere di vino bianco • 1 uovo
70 gr di mollica di pane toscano raffermo
50 gr di parmigiano reggiano grattugiato
200 g di polpa di pomodoro
olio extravergine di oliva • sale • pepe

Pulire accuratamente i totani, togliendo gli occhi, la vescichetta, l'osso e la pelle, facendo attenzione di conservare i cappucci intatti e separandoli dai tentacoli.

In una *bowl* sbattere l'uovo intero, con la mollica del pane precedentemente ammollato e ben strizzato, il formaggio parmigiano, i tentacoli dei totani tagliati a pezzi molto piccoli, le bietole scottate e tritate, e un ciuffo di prezzemolo anch'esso tritato.

Amalgamare il tutto e riempire con questo composto le sacche dei totani, chiudendo l'apertura con l'aiuto di due stuzzicadenti incrociati per evitare che l'impasto fuoriesca, bucherellandoli con una forchetta per evitare che i sacchi si rompano.

In una padella preparare un soffritto con un po' di olio extravergine di oliva, uno spicchio di aglio intero, un pezzetto di peperoncino e adagiarci i totani e farli rosolare. Quando saranno coloriti da tutte le parti, spruzzarli con un bicchiere di vino bianco secco. Far rosolare il tutto e aggiungere la polpa dei pomodori ben strizzata e fatta a pezzi.

Cuocere a fuoco moderato per circa venti minuti, aggiustando di sale e pepe; una volta cotti, possono essere serviti tagliati a fette accompagnati dal sugo di pomodoro.

Nota: Attenzione a non esagerare con il ripieno, lasciare i cappucci piuttosto sgonfi; il ripieno infatti con la cottura, aumenta di volume e potrebbe rompere il totano.

Argentine fritte marinate con peperonata all'aceto di mele

(Luciano Zazzeri, *La Pineta*, Bibbona - Li)

400 gr di argentine
1 peperone rosso, 1 verde e 1 giallo
1 cipolla bianca • aglio • peperoncino
olio di arachidi ed extravergine
aceto di mele • farina

Pelare i peperoni (sulla griglia o in forno), tagliarli a striscioline e metterli in una padella dove precedentemente si sono saltati l'aglio il peperoncino e la cipolla in poco olio. Bagnare con l'aceto e lasciare sfumare. Nel frattempo friggere le argentine in olio di arachidi dopo averle infarinate. Salare leggermente e farle raffreddare stese in una pirofila. Appena la peperonata è pronta (non cuocere troppo) far raffreddare e versare sulle argentine.
Servire almeno dopo 6-8 ore di marinatura e condire con olio, prezzemolo tritato e una frullata di pepe.

Cacciucco della Pineta

(Luciano Zazzeri, *La Pineta*, Bibbona - Li)

Pesci poveri: caviglioni, gattuccio, grongo,
polpo stringa, totano, sparlotto,
tracina e granchio di sabbia • vino bianco
sale • aglio • peperoncino • concentrato
di pomodoro • pomodorini freschi
sale • pepe • foglie di salvia fresca
1 rametto di rosmarino • pane di campagna

Pulire e lavare tutti i pesci, i totani e i polpi. Sfilettare i pesci liscosi, tagliare invece a tranci il grongo e il gattuccio. In ogni caso conservare le teste e le lische, con cui preparare un brodetto chiaro con aggiunta di vino bianco e poco sale (non passare al passatutto!). Conservare anche le interiora del polpo e dei totani, privandoli dell'intestino.
In una capiente teglia di alluminio mettere un cucchiaio di aglio e peperoncino battuti, olio, un cucchiaio di concentrato di pomodoro e un letto di pomodorini e iniziare la cottura bagnando sempre con il brodetto.
Quando il tutto comincia ad asciugare, aggiungere i pesci, seguendo scrupolosamente l'ordine indicato: per primi il polpo e il totano (che vanno cotti un po' di più altrimenti restano duri), poi il grongo e il gattuccio. Segue la tracina, lo sparlotto, il caviglione e in ultimo il granchio che nella confusione sarà la "ciliegina sulla torta".
Per aumentare il volume del vapore, coprire

il tegame con un altro di uguale dimensione. Aggiustare il sapore con sale e pepe, (facendo attenzione a non esagerare col sale) e alcune foglie di salvia.
E' importante non rigirare mai il pesce nel tegame, per non romperlo durante la cottura. Nel frattempo tostare due fette di pane a testa e strusciarle con l'aglio.
Quando il pesce è quasi arrivato a fine cottura, aggiungere le interiora del polpo e dei totani puliti dell'intestino, i quali andranno a dare colore al cacciucco, e ultimare la cottura.
Disporre il pane sui piatti fondi e adagiarvi (con grazia) i pezzi di pesce.
Ridurre a fuoco vivo il liquido di cottura che è rimasto sul fondo e con questo condire il tutto.
Un rametto di rosmarino o una foglia di salvia richiamano la tradizione.

Nota: *Si mangia col cucchiaio.*

Filetti di palamita gratinati in forno con pesto di pistacchio e scaglie di parmigiano

(Luciano Zazzeri, *La Pineta*, Bibbona - Li)

1 palamita di 1/1.200 kg
50 gr di parmigiano reggiano
100 gr di pistacchi di Bronte
prezzemolo e basilico • sale • pepe
olio extravergine • 10 pomodorini

Pulire la palamita, sfilettarla, levare la pelle e tagliare a tocchetti di almeno 3 cm.
Preparare un pesto frullando nel mixer metà dei pistacchi (il resto verrà tostato in forno), l'olio, il prezzemolo e il basilico, sale pepe.
Tagliare i pomodorini a metà e condirli con un filo d'olio e origano e farli seccare in forno a bassa temperatura.
Mettere in una placca da forno già unta con olio di semi i tocchetti di palamita, coprirli con il pesto e quindi mettere in forno a 180° per 4-5 minuti.
Mettere nel piatto 3 nodini di palamita, tagliarci sopra delle scagliette di parmigiano, guarnire con i pomodorini e i pistacchi tostati, un filo d'olio e una macinata di pepe.

Piatto unico con scorfano di fondale e spaghetti di Gragnano

(Luciano Zazzeri, *La Pineta*, Bibbona - Li)

2 scorfani per un totale di circa 500/600 gr
mezza cipolla bianca • 1 ventina
di pomodorini • aglio e peperoncino battuti
insieme • olio extravergine di oliva
sale • pepe • prezzemolo • vino bianco
160 gr di spaghetti di Gragnano

Pulire e squamare bene gli scorfani (conservare il fegato), inciderli e aprirli come un libro. Mettere in una teglia di alluminio o di rame aglio e peperoncino e cipolla bianca; far soffriggere leggermente, aggiungere la metà dei pomodorini e un po' di acqua e vino bianco. Adagiare gli scorfani nella teglia conditi prima con sale e pepe e coprire con un'altra teglia. A tre quarti di cottura levare gli scorfani, lasciandone qualche pezzetto. Aggiungere i fegatini, il resto dei pomodorini e gli spaghetti precedentemente cotti a metà cottura; saltare il tutto e alla fine rimettere gli scorfani, aggiungendo un filo di olio a crudo e il prezzemolo tritato.
Portare direttamente in tavola e gli ospiti si serviranno da soli dalla teglia.

***Nota:** ricetta per 2 persone*

Crostini con sugarello marinato, marzolino e caramello all'aceto balsamico

(Luciano Zazzeri, *La Pineta*, Bibbona - Li)

4 sugarelli (almeno 1 a testa)
mezza cipolla rossa di Tropea
1 pezzo di marzolino molto fresco e salatino
zucchero • poco aceto balsamico (buono)
1 filino di pane di vienna (baguette)

Pulire i sugarelli, sfilettarli, levare bene le lische e levare il velo che hanno sulla pelle.
Preparare una salamoia all'80% di sale e al 20% di zucchero rispetto al peso del pesce, stendere su una placca bucata i filetti e coprirli con la salamoia e lasciare riposare almeno un'ora.
Dopo, lavare i filetti e tagliare a carpaccio.
Preparare il caramello con lo zucchero, aggiungendo da ultimo poca acqua e aceto balsamico per mantenerlo morbido.
Tagliare la cipolla a filetti e metterla un po' nell'acqua fresca. Tagliare la baguette a fettine e tostarle leggermente.
Preparare i crostini: sul pane disporre prima il formaggio a fettine sottili, il pesce e infine 2-3 filetti di cipolla.
Condire con il caramello.

Mostella di fondale in cartoccio di foglie di limone con tagliolini al limone

(Riccardo Guastini, *da Riccà*, Marina di Massa)

400 gr di mostella di fondale
(circa 4 pesci piccoli)
100 gr di tagliolini freschi
olio extravergine di oliva
1 noce di burro • 1 o 2 limoni
foglie di limone fresche • sale • pepe

Sfilettare il pesce, togliere la pelle e tagliarlo a striscioline fini; condire con olio extravergine di oliva, succo di limone, sale e un pizzico di pepe; avvolgere il tutto in foglie di limone fresche e cuocere in forno a 180° per dieci minuti.

Nel frattempo cuocere i tagliolini in acqua salata e, a cottura ultimata, saltarli in padella con una noce di burro e una spolverata di buccia di limone grattugiata finemente.

Servire il pesce avvolto nelle foglie di limone accompagnato da una forchettata di tagliolini e condire con olio extravergine di oliva.

Paccheri allo scorfano

(Riccardo Guastini, *da Riccà*, Marina di Massa)

500 gr circa di scorfano • 40 paccheri
olio extravergine di oliva
1 spicchio d'aglio • basilico • 1 scalogno
1 punta di peperoncino • 4 pomodori freschi
carota • sedano • vino bianco

Pulire e squamare lo scorfano, quindi tagliarlo a filetti grossolani, utilizzando la testa e la lisca per preparare un brodetto di pesce con carota e sedano.

Far rosolare in padella dello scalogno tritato finemente, uno spicchio d'aglio, 2 o 3 foglie di basilico e una punta di peperoncino. Unire i filetti di scorfano e continuare la cottura sfumando con il vino bianco. Aggiungere i pomodori freschi, precedentemente sbucciati, privati dei semi e tagliati a dadini. Portare a cottura con l'aggiunta di brodo di pesce.

Cuocere i paccheri (dieci a persona) in acqua salata e una volta cotti, saltarli in padella con lo scorfano. Servire con basilico fresco.

Striscioline di totano con radicchio rosso trevigiano all'aceto balsamico

(Riccardo Guastini, *da Riccà*, Marina di Massa)

4/500 gr di totani
200 gr di radicchio rosso trevigiano
aceto balsamico • olio extravergine di oliva
1 spicchio d'aglio mezzo peperoncino
poco pangrattato • sale • pepe

Tagliare il totano a strisce finissime. Fare appassire il radicchio tagliato *à la julienne* in poco olio e salare.
In una padella antiaderente scaldare l'olio con lo spicchio d'aglio, il mezzo peperoncino, e quando sarà ben caldo aggiungere i totani. Mescolare e portare a cottura con una spolverata di pangrattato.
Disporre i totani nei piatti con il radicchio, condire con un filo d'olio e qualche goccia di aceto balsamico.

Filetti di tracina drago con melanzane al forno, tegole di parmigiano e olio al basilico

(Riccardo Guastini, *da Riccà*, Marina di Massa)

4 tracine drago medie o 2 grandi
1 o 2 melanzane • 3 o 4 pomodori rossi
parmigiano reggiano di pezzatura rossa[1]
olio extravergine di oliva
1 spicchio d'aglio • pangrattato
farina di riso • basilico fresco

Pulire le tracine, diliscarle e tagliarle per lungo a fette sottili. Passarle nel pangrattato e infornarle a forno caldo per circa 5 minuti a 200°.
Nel frattempo tagliare a rondelle sottili le melanzane, infarinarle nella farina di riso e friggerle.
In una padella antiaderente ben calda spargere del parmigiano grattugiato: dopo circa 1 minuto si ricava una sfoglia croccante che fungerà da "tegola".
In un'altra padella rosolare in un filo d'olio lo spicchio d'aglio intero con i pomodori tagliati a filetti per circa 3 minuti e a fine cottura

togliere l'aglio.
Preparare i piatti nel modo seguente: disporre un ingrediente sopra l'altro partendo dalla tracina, poi la melanzana e sopra i pomodori e infine coprire con la tegola di parmigiano già pronta. Decorare i piatti con un filo di olio precedentemente aromatizzato col basilico fresco.

1 Parmigiano reggiano di collina fatto con latte di mucca di razza autoctona italiana di pezzatura rossa.

Acciughe alla povera

(Federico Cenci, *Il Calesse*, Quercianella, Li)

800 gr di acciughe • 400 gr di cipolle rosse di Tropea • Aceto bianco • Olio extravergine di oliva • Sale

Dopo aver sfilettato delicatamente le acciughe, avendo cura di lasciarci la coda, disporre ortogonalmente le stesse in una terrina a strati successivi e sovrapposti, salandole adeguatamente e coprendo ogni strato con l'aceto di vino.
Pulire quindi le cipolle e tagliarle a fettine sottili, coprendo anche queste con l'aceto.
Passate dieci ore circa, scolare le acciughe e le cipolle e disporre entrambe in una zuppiera possibilmente di vetro trasparente: e partendo dalle cipolle sovrapporre uno strato di alici ad uno di cipolle, avendo cura di coprirle ogni volta con abbondante olio extravergine di oliva.
Sono migliori le acciughe, così trattate, se servite non immediatamente dopo il condimento con l'olio.
È, questo, un piatto appetitoso che può andare bene quale antipasto ed anche quale pietanza di mezzo.

Variante: *non è raro osservare che questo tipo di marinatura è fatto senza l'impiego delle cipolle o al limite di poche cipolle.(Red.)*

Filetto di alalunga al Calesse

(Federico Cenci, *Il Calesse*, Quercianella, Li)

1 kg. di filetto di alalunga[1] *• 2 uova*
300 gr di pangrattato • 1 cipolla
1 spicchio d'aglio • 2 peperoncini
olive nere • capperi • origano
2 cucchiai di parmigiano
800 gr di pomodorini di collina
olio extravergine d'oliva
olio di semi di girasole

Preparate un trito con cipolla aglio e peperoncino, fatelo soffriggere per 4-5 minuti a fuoco lento, aggiungendo un ramaiolo di brodo di pesce (possibilmente preparato con scorfani e sparlotti) e quasi di seguito circa 500 gr di pomodorini di collina. Questi dovranno essere schiacciati con una forchetta durante la loro cottura: quando il sugo comincia a "tirare", aggiungere olive, capperi e un pizzico d'origano. Risulta molto importante che il sugo non ritiri eccessivamente (dovrà infatti insaporire i nostri filetti dorati e fritti, che tendono già ad assorbire liquidi). Ugualmente importante aggiungere quando necessita il brodo di pesce.
Dopo aver ridotto il filetto di alalunga in fettine alte circa un cm, salare e deporre in un recipiente contenente l'uovo sbattuto in precedenza, lasciare riposare per circa un'ora, e nel frattempo aggiungere al pangrattato origano, parmigiano e un pizzico di sale. Impanare energicamente i filetti assicurandosi che questi risultino impanati totalmente. Scaldare a questo punto in una padella fonda l'olio di semi, dove i filetti verranno fritti per circa dieci minuti, assicurandosi che doratura e impanatura diventino ben croccanti. Deporre quindi le fettine di filetto su un foglio di carta assorbente: una volta asciutti dall'olio di frittura sono pronti per essere deposti nel sugo da noi preparato, nel quale dovranno insaporire per circa un quarto d'ora, dopodiché potranno essere serviti accompagnandoli con un bianco secco, o un rosso giovane.

1 L' alalunga è un pesce della famiglia dei Tunnidi.

Razza alla moda delle "cee"

(Federico Cenci, *Il Calesse*, Quercianella, Li)

2 razze da 1 kg circa l'una • 3 spicchi d'aglio
2 rametti di salvia • limone • pepe • sale q.b.
1 bicchiere d'olio d'oliva • 1 cucchiaio di burro
brodo di pesce (scorfano-sparlotto-boccaccia)

La razza è un pesce piatto che predilige fondali sabbiosi, di costo contenuto, le sue carni si presentano in polpe bianche, lunghe e sottili affiancate l'una a l'altra; per questo motivo ricordano vagamente le ricercatissime *cee*, *(cieche)*, cioè gli avanotti delle anguille. Ecco dunque che l'ingegno labronico ha partorito l'idea di cucinare le polpe di razza come le *cee*, appunto.
Passare le razze sotto acqua corrente per eliminare il muco trasparente che le ricopre, asportare con le forbici le ali, deporre poi le stesse in un recipiente con acqua bollente, sale e limone, lasciarle bollire venti minuti; scolarle accuratamente e prima che raffreddino asportarne completamente la pelle. Quindi con l'ausilio di forchetta e cucchiaio spinare le polpe, che si presentano bianchissime e filiformi. Nel frattempo deporre in una padella antiaderente olio d'oliva, aglio e salvia e lasciarli soffriggere per pochi minuti, allungando con del brodo di pesce: aggiungere adesso le polpe di razza, salare e pepare quanto basta. Il tutto deve cuocere per circa 10 minuti. Prima di servire aggiungere una noce di burro e un pizzico di pepe nero.

Crostini di salpa

(Federico Cenci, *Il Calesse*, Quercianella, Li)

800 gr di salpe (possibilmente
2 salpe da 400 gr) pane da crostini,
adatto per essere tagliato a fette spesse
circa 1 cm e di una buona consistenza per
essere queste ricoperte di crema di pesce
sale • pepe • olio di oliva
2 cucchiai di maionese
prezzemolo trito

Dopo aver ben pulito le salpe, metterle a bollire con sale e pepe per circa 25 minuti.
Scolati i pesci, spolparli accuratamente, togliendo anche la pelle.
Le polpe ricavate sono quindi passate in un tritacarne e poi messe in una terrina ben amalgamate con maionese e prezzemolo, fino ad ottenere una crema consistente, tale da poter essere poi spalmata su crostini di pane, leggermente tostati, o meno.

Pennette al sugo di pesce sciabola

(Federico Cenci, *Il Calesse*, Quercianella, Li)

2 kg. di pesce sciabola • aglio
peperoncino prezzemolo
500 gr di pomodori tondi maturi
olio extravergine di oliva
mezzo bicchiere di vino bianco secco
1 noce di burro • 320 gr di pennette rigate
sale • pepe

Nota preliminare: la quantità di pesce assai elevata per quattro persone è indispensabile per il molto scarto che questo particolare pesce presenta.

Dopo aver ben pulito lo sciabola, togliere la testa e la parte finale della coda e ridurre il pesce in tranci della lunghezza di circa 25 cm. Dopodiché con un affilatissimo coltello asportare i due filetti partendo dalla dorsale e, sempre con lo stesso coltello, spellare completamente i filetti e ridurli a dadini[1].
Soffriggere in olio extravergine d'oliva un trito di aglio e peperoncino e prima che l'aglio imbrunisca aggiungere la polpa di sciabola, quindi salare e pepare, avendo cura di girare frequentemente e aggiungendo un mezzo bicchiere di vino bianco secco. Quando la polpa del pesce sarà completamente bianca aggiungere una noce di burro, e cuocere a fuoco lento per qualche altro minuto prima di aggiungere i pomodori precedentemente spellati e ridotti in dadini, salare e pepare q.b. e lasciare cuocere per altri quindici minuti circa, fin quando il sugo non apparirà ben tirato.
Bollire le pennette in abbondante acqua salata, saltarle poi in una padella larga con il sugo di sciabola e aggiungere il prezzemolo tritato un momento prima di servire.

1 Gli stessi filetti possono anche essere tagliati in striscioline lunge circa 5 cm. per poi essere pastellati e fritti in abbondante olio di arachidi.

Risotto al polpo stringa e totanesse

(Federico Cenci, *Il Calesse*, Quercianella, Li)

400 gr di totanesse • 400 gr di stringhe
aglio • peperoncino • olio extravergine d'oliva
1 bicchiere di vino bianco secco
500 gr di pomodori pelati • 1 cucchiaino raso di origano • 320 gr di riso carnaroli • sale • pepe

Tritare aglio e peperoncino finemente, farli rosolare in un tegame di adeguate dimensioni, aggiungendo quando necessita il vino bianco secco.
Pulire accuratamente le totanesse e le stringhe (non è necessario spellare queste ultime, l'operazione sarebbe davvero ardua), macinarle con un tritacarne, salare e pepare e deporre il tutto nel soffritto, aggiungendo il brodo di una minestra di pesce (predisposta a parte), e fate cuocere per circa mezz'ora, aggiungendo poi un cucchiaio di conserva e i pomodori pelati tritati finemente.
Quando il sugo è ben tirato, aggiungere l'origano, che darà un profumo inconfondibile al risotto. La cottura del riso andrà effettuata direttamente dentro il tegame del sugo, con l'ausilio di abbondante minestra di pesce (come anzidetto, già preparata a parte), avendo estrema cura di girare sovente il tutto tassativamente con un mestolo di legno. Dopo circa 15-18 minuti di cottura mantecare bene il risotto e servire accompagnandolo con una vernaccia o un buon bianco toscano.

Carpaccio di sugarello

(Federico Cenci, *Il Calesse*, Quercianella, Li)

800 gr di sugarelli
(possibilmente due pesci di 400 gr)
limone • olio d'oliva • sale • pepe
parmigiano a scaglie q.b.
Insalata lattuga q.b.

Dopo avere eviscerato i sugarelli, con un coltello a lama fine molto affilato asportarne i filetti, escludendo la parte liscosa dell'addome, e dividerli lungo la linea mediana, riducendoli in 4 filetti assolutamente privi di lische.
Sempre con il coltello molto affilato asportarne la pelle, dopodiché con l'ausilio di un batticarne liscio battere con cura i filetti, rendendoli molto sottili.
Aiutandosi con una spatola, deporre ora i filetti su un piatto piano e cospargerli con succo di limone.
Preparare una buona quantità di insalata finemente tagliata e delle scaglie di parmigiano.
Dopo circa un'ora, salare, pepare e cospargere i filetti con olio d'oliva q.b.. Collocare a questo punto la lattuga precedentemente preparata intorno ai filetti e le scaglie di parmigiano sopra gli stessi: il piatto così preparato è pronto per essere utilizzato come antipasto leggero tipicamente estivo. Accompagnare con un buon prosecco.

Tracina al guazzetto

(Federico Cenci, *Il Calesse*, Quercianella, Li)

2 tracine da circa 800 gr cadauna
2 spicchi d'aglio • 1 peperoncino • limone
prezzemolo • mezzo bicchiere d'olio extravergine d'oliva • brodo di pesce

Pulire con cura le due tracine, facendo attenzione alle micidiali spine. Si passa alla cottura: salare q.b. i due pesci e deporli in una pesciera, dove abbiamo in precedenza deposto dell'aglio e del peperoncino, tritati molto finemente, insieme all'olio d'oliva. Aggiungere al battuto un ramaiolo colmo di brodo di pesce.
Il brodo di pesce dovrà essere preparato bollendo verdure miste e pesce povero di scoglio (scorfani, boccacce, sparlotti...). Le tracine dovranno cuocere molto lentamente, avendo cura di aggiungere costantemente il brodo di pesce, e inizialmente coperte dall'apposito coperchio; poi dopo circa trenta minuti aggiungere il succo di mezzo limone e del prezzemolo trito e lasciare ritirare il sugo per circa altri cinque minuti. Servire poi le tracine cospargendole abbondantemente con il sugo di cottura. Accompagnate questo piatto con del Pinot grigio o con del Tocai friulano.

Tanuta all'isolana

(Federico Cenci, *Il Calesse*, Quercianella, Li)

N. 2 tanute da circa 800 grammi cadauna
aglio • rosmarino • 4 patate • 4 pomodori
olio extravergine d'oliva • sale • pepe

La tanuta è uno sparide[1] che può raggiungere anche i 2 kg. di peso. Le sue carni sono bianchissime e molto saporite; nonostante ciò è un pesce ancora considerato povero e dal prezzo accettabile.
Squamare e sventrare le tanute, praticare poi un taglio lungo la linea mediana , nel quale inserire un rametto di rosmarino, ¼ di spicchio d'aglio, sale e pepe; procedere con la stessa operazione anche nella cavità addominale.
Pelare le patate e tagliarle a fette rotonde alte circa 3-4 mm; fare lo stesso con i pomodori. Prendere quindi una teglia antiaderente dalle giuste dimensioni, oliarla bene con olio extravergine e deporvi centralmente le tanute, circondandole con le patate e i pomodori; salare e pepare nella giusta misura, cuocere in forno a 180 gradi per circa 30 minuti. Una volta cotte, pulire le tanute e servirne i filetti in un piatto tondo, contornandoli con le patate e i pomodori.
Accompagnare questo piatto con un buon Vermentino di Gallura o con un Greco di Tufo.

1 Famiglia di pesci teleostei dell'ordine dei Perciformi, diffusi nei mari caldi e temperati, con corpo appiattito e una sola pinna dorsale fornita di aculei; ne fanno parte alcune specie ricercate per le ottime carni, quali l'orata, il dentice, il sarago.

Cacciucco della Barcarola

(Giuseppe Mancini, *La Barcarola*, Livorno)

350 gr di seppie nostrane • 350 gr di polpi di scoglio • 200 gr di palombo fresco
350 gr di pesci da zuppa (gallinelle, cappone, scorfano) • 350 gr di frutti di mare (datteri e vongole) • 350 gr fra gamberoni, gamberi, scampi e cicale (o canocchie)[1]
1 bicchiere vino bianco
500 gr di pomodori rossi o "pelati"
1 cucchiaio di concentrato di pomodoro
olio di oliva • sale • 3 o 4 spicchi d'aglio
peperoncino • salvia q.b.
fette di pane di campagna posato, tostate: almeno 8, arrostite - ma non bruciate – e dopo l'abbrustolimento agliate e pepate (ma che siano preparate in tempo per la piena cottura del cacciucco e siano almeno tiepide)

Pulire i vari pesci, tenendo conto delle diverse caratteristiche, e per quelli per cui l'operazione è possibile, procedere alla eviscerazione, a togliere squame, e ai capponi e agli scorfani *gli aculei* "di difesa". Lavare bene e predisporli all'impiego "a fasi".
Mettere in una teglia o una casseruola con fondo capace l'olio d'oliva, l'aglio, la salvia, il peperoncino spezzettato e il pomodoro. Soffriggere. Quando la salsa di base torna in olio, mettere i polpi e le seppie, tagliati a tronchetti, bagnare con vino bianco, aggiungere il concentrato di pomodoro, salare (tenendo conto che non devesi esagerare) e cuocere per una ventina di minuti, rimestando.
A questo punto cominciare a gettare i pesci da zuppa[2] e il palombo, tagliato a fette.
Seguitare la cottura a fuoco lento, ma consistente. Quando il polpo e le seppie sono diventati teneri, aggiungere i crostacei e i frutti di mare, coi loro gusci.
Andare avanti per sei-sette minuti, fino a quando i datteri e le vongole si saranno aperti.
Intanto, in una terrina capace (oppure in tante terrine da portata adatte ciascuna ad un commensale) si saranno collocate sul fondo le fette di pane abbrustolite e trattate come anzidetto: si verserà sopra il cacciucco, quindi con un ramaiolo si completerà spargendovi il sugo rimasto nella teglia.
Il cacciucco è una pietanza completa e non postula né antipasti né "postpietanze", magari un po' di frutta o un gelato, e – per finire davvero bene – il ponce alla livornese.
Sul cacciucco è doveroso bere del buon vino rosso, di buona gradazione, servito a temperatura di non oltre 15-16 gradi: vino di cui la generosa Terra di Toscana è straordinariamente ricca per varietà e qualità.

1 Questa è la ricetta seguita attualmente dai cuochi della Barcarola; è come si nota la versione "moderna", che contempla l'impiego anche di frutti di mare e di crostacei, che in passato non erano utilizzati; e in luogo del palombo si usava il grongo.

2 Se si volesse essere più aderenti alla tradizione culinaria, come anche suggerisce la stessa ricetta della Barcarola, bisognerebbe tagliare ai pesci la testa, la coda e le pinne e bollirle con degli odori (sedano, aglio, cipolla), poi passarle e versare il ricavato nel brodo di cottura: questo a sua volta è da riversare un po' alla volta col ramaiolo, fino a che ce n'è, nella teglia, e curandone l'amalgama, man mano che vi si mettono i vari tipi di pesce (Red.).

Crognoli in carpione

(Giuseppe Mancini, *La Barcarola,* Livorno)

600 gr di crognoli • farina q.b.
olio d'oliva • 1 bicchiere di aceto
di vino bianco[1] • sale • rosmarino
aglio • peperoncino

Lavare i crognoli e asciugarli bene. Infarinarli.
Metterli a friggere in una padella con l'olio d'oliva a bollore e appena cotti scolarli accuratamente e stenderli in un vassoio. Salare.
A parte, tenere pronto un composto di aceto caldo, che in precedenza ha bollito con 2 spicchi d'aglio macerati, 2 peperoncini frantumati e due rametti di rosmarino.
Questo composto deve essere versato sui crognoli fritti non appena, ancora caldissimi, sono stati stesi nel vassoio. Servire in tavola.

Nota: *se avanzano, potranno costituire la volta successiva un ottimo antipasto; e possono essere preparati come da ricetta e poi stemperati per qualche ora, in modo proprio da essere serviti per antipasto e per accompagnare aperitivi.*

1 La quantità dell'aceto non è determinabile con certezza, ma devesi tener presente, nel mescerlo per la cottura con gli ingredienti meglio descritti nella ricetta, che un po' sfuma nel corso della bollitura e infine non deve, una volta sparso sui crognolini fritti, "coprirli", ma semplicemente conferire sapore e odori.

Zerri in carpione

(Giuseppe Mancini, *La Barcarola,* Livorno)

600 gr di zerri (cercare di acquistarli tutti
della stessa dimensione e non troppo grossi)
farina q.b. • olio d'oliva
1 bicchiere di aceto di vino bianco[1]
rosmarino • aglio • peperoncino

Pulire gli zerri, eviscerarli, squamarli, lavarli e asciugarli bene. Infarinarli.
Metterli a friggere in una padella con l'olio d'oliva a bollore e appena cotti scolarli accuratamente e stenderli in un vassoio.
A parte, tenere pronto un composto di aceto caldo, che in precedenza ha bollito con 2 spicchi d'aglio macerati, 2 peperoncini frantumati e due rametti di rosmarino.
Questo composto deve essere versato sugli zerri fritti non appena, ancora caldissimi, sono stati stesi nel vassoio. Servire in tavola.

Nota: *se ne avanza, potranno costituire la volta successiva un ottimo antipasto; e possono essere preparati come da ricetta e poi stemperati per qualche ora, in modo da essere serviti per antipasto e per accompagnare aperitivi.*

1 La quantità dell'aceto non è determinabile con certezza, ma devesi tener presente, nel mescerlo per la cottura con gli ingredienti meglio descritti nella ricetta, che un po' sfuma nel corso della bollitura e infine non deve, una volta sparso sugli zerri fritti, "coprirli", ma semplicemente conferire sapore e odori

INDICI

RICETTE PER TIPO DI PESCE

RICETTE PER MATERIE

Secondi Piatti

INDICE GENERALE

Terza ristampa febbraio 2010
Tipografia e Casa Editrice
Debatte Otello srl - Livorno